Tendances
méthode de français
B2

Cahier d'activités

Jacques Pécheur - Jacky Girardet

CLE
INTERNATIONAL

Direction éditoriale : Béatrice Rego
Marketing : Thierry Lucas
Édition : Brigitte Faucard, Sylvie Hano
Couverture : Miz'enpage ; Dagmar Stahringer
Conception maquette : Miz'enpage
Mise en page : AMG

ISBN : 978-209-038535-9

Dépôt légal : octobre 2017 - N° de projet : 10243059 - Imprimé chez Grafica Veneta S.p.A. en janvier 2018

Sommaire

Vocabulaire

1. Apprenez le vocabulaire.

Escale (n. f.) ....   Tripoter (v.) ....
Bric-à-brac (n .m.) ....   Agripper (v.) ....
Aborder (v.) ....   Confondre (v.) ....
Motiver (v.) ....   Empoisonner (v.) ....
Assimiler (v.) ....   Taper (se) (v.) ....
Hocher (v.) ....   Rester bouche bée ....

2. Parler du caractère, de l'état d'esprit de quelqu'un. **Caractérisez en utilisant un des adjectifs de la liste.**

réfléchi ; collectif ; spontané ; entreprenant ; exécutant ; individuel

a. Il n'a pas peur d'aborder les filles, il est très ....

b. Il ne prend pas beaucoup d'initiatives mais il fait bien ce qu'on lui demande ; c'est un bon ....

c. Elle ne prend pas de décision sans avoir envisagé toutes les hypothèses ; elle est très ....

d. Chacun loue son attention à l'opinion d'autrui ; il joue ....

e. Quand il parle, il ne parle que de lui ; il a un comportement très ....

f. Sa réaction n'est jamais calculée ; elle est très ....

3. Ressentir avec *avoir*. **Construisez les expressions et complétez.**

avoir ... peur ; conscience ; envie ; mal ; besoin ; l'impression

a. Je suis resté trop longtemps enfermé ; j'ai .... de sortir.

b. Il faut que tu m'aides ; j'ai .... de toi.

c. Il est parfois imprévisible ; j'ai .... de ses réactions.

d. Elle a parfois des absences ; j'ai .... qu'elle n'est plus avec nous.

e. Il est vraiment très malheureux ; j'ai .... de le voir comme ça.

f. Je sais que ce que je fais est dangereux ; j'ai .... du danger.

4. Vérifiez la compréhension des deux extraits des textes de Chico Buarque et Cavana (Livre de l'élève, p. 13).

• **Texte de Chico Buarque : retrouvez les informations suivantes.**

a. Lieu de l'incident : ....
b. Protagonistes : ....
c. Objet de l'incident : ....
d. Nature de la méprise : ....
e. Conclusion de l'auteur : ....

• **Texte de Cavana : répondez aux questions.**

a. Quel est le mot qui pose problème ? ....
b. Quel est le mot connu par l'auteur ? ....
c. Quelle confusion évite-t-il ? ....
d. À quelle conclusion parvient-il ? ....

Grammaire

1. Transformez les phrases en utilisant un participe présent.

Comme dans un message

a. Je me tiens à votre disposition. Je suis prêt à vous rencontrer quand vous le souhaiterez.

→ **Me tenant à votre disposition, je suis prêt à vous rencontrer quand vous le souhaiterez.**

b. Je vous renouvelle mon offre. J'attends avec impatience votre proposition.

→ ....

c. J'espère pouvoir compter sur votre aide. Je vous remercie de votre disponibilité.

→ ....

d. Je vous laisse libre de votre choix. J'attire votre attention sur la qualité de notre accompagnement.

→ ....

e. Je reste à l'écoute de vos suggestions. Je suis sensible à vos encouragements.

→ ....

f. Je vous assure de mon attention toute particulière à vos remarques. Je vous prie d'accepter toute ma reconnaissance.

→ ....

2. Construisez des propositions participes. Reliez les deux phrases.

Suivez le guide !

a. La cathédrale a été bâtie sur un ancien marais. Elle repose sur des pilotis.

→ **Bâtie sur un ancien marais, la cathédrale repose sur des pilotis.**

b. Le quartier a été construit sur d'anciennes carrières. Il est sujet à des glissements de terrain.

→ ....

c. Le Palais été transformé à de nombreuses reprises. Il fait cohabiter des architectures très différentes.

→ ....

d. La ville a été détruite par un tremblement de terre. Elle a été entièrement reconstruite à quelques kilomètres.

→ ....

e. La ville est devenue un lieu de mémoire. Elle accueille les installations de nombreux artistes.

→ ....

f. La Chapelle royale a été élue monument préféré des Français. Elle accueille un nouveau public.

→ ....

3. Complétez le récit en mettant les verbes aux temps du passé qui conviennent.

Incidents

Il est des vols qu'il faut savoir oublier. Et pourtant la distance à parcourir et la durée du vol n'(être) .... pas particulièrement longues. Tout mal (commencer) .... D'abord, nous (décoller) .... avec deux heures de retard : classique sur les vols low coast ! Le bruit, la chaleur, l'inconfort... l'attente à l'aéroport (s'avérer)......................... être particulièrement pénible. On ne nous même pas (offrir) .... un verre d'eau ! Et puis le vol (être) .... particulièrement éprouvant. Nous très (secouer) .... à cause des turbulences. Beaucoup de nuages : je (asseoir) .... à côté d'un hublot mais je ne rien (voir) .... Le ciel (boucher) .... pendant tout le parcours. Heureusement les hôtesses (être) .... charmantes et rassurantes. Et puis, il y (avoir) .... l'arrivée en altitude. Quelle peur ! Le pilote (faillir) .... rater son atterrissage : l'avion (s'arrêter) .... au bout de la piste, au bord du vide !

Écrit et civilisation

1. Lisez l'interview de Dany Laferrière puis faites les activités de compréhension.

« Une langue se nourrit de silences »

Dany Laferrière, académicien, québécois d'origine haïtienne, évoque son rapport charnel au français, une langue qui « regorge d'expressions merveilleuses ».

Le français est-il une langue spécifiquement littéraire ?

Je n'aurais pas la prétention d'avoir une compétence de linguiste pour l'affirmer. En tant qu'écrivain, mon travail consiste à descendre dans la cale du navire pour mettre du charbon et faire avancer la littérature. Mon rapport à une langue avec laquelle je fais corps ne peut donc être que particulier. Je ne parle qu'une langue, celle de mes livres, que j'essaie de faire coïncider avec ma langue orale. Ce qui est fascinant c'est la diversité contenue dans la langue, qui varie selon qu'elle est parlée au Québec, en Haïti ou en France, à l'intérieur de l'Hexagone, à Paris, Rennes ou Marseille, dans un salon ou au marché, par un juriste ou un mécanicien. Le français, comme disait Borges, regorge d'expressions merveilleuses comme « arc-en-ciel ». C'est une langue souple dans laquelle des phrases en hamac vous balancent d'un côté et de l'autre.

Vous avez été élu à l'Académie française en 2013 et reçu en 2015…

J'occuperai le fauteuil n° 2 jusqu'à ma mort. […] Quant à savoir ce que l'Académie m'a apporté, dans notre monde où nous avons l'impression d'être en état d'alerte permanent, je dirais ceci : le goût d'écrire à la main ma correspondance. […] L'écrit entretient une distance avec les gens avec lesquels on correspond. Depuis l'arrivée d'Internet, on correspond de plus en plus vite avec des gens qu'on ne connaît pas, et parfois avec des gens avec lesquels on ne voudrait pas. Écrire à la main calme l'enthousiasme de ceux qui veulent communiquer à tout prix, pour ne rien dire. On n'a pas besoin d'être en contact permanent avec nos contemporains.

Une langue doit-elle tout dire ?

Une langue se nourrit aussi de silences. D'ailleurs on doit faire silence pour lire comme pour écrire. La ponctuation traduit le silence, l'arrêt, l'hésitation. Le point de suspension est gorgé d'espoir. C'est la partie immergée de la langue, et elle tend à disparaître dans cette fièvre verbale. À la radio, à la télévision, le silence est presque banni. Et pour ne pas rester silencieux, les gens disent parfois le contraire de ce qu'ils pensent. Est-ce pourquoi on entend si souvent cette complainte : ma parole a dépassé ma pensée ? Au fond on n'a pas le temps de penser.

Entretien avec Éléonore de Vulpillières, *lefigaro.fr*, 27 mars 2016.

a. Répondez vrai ou faux et justifiez votre réponse.

	VRAI	FAUX
1. Dany Laferrière est haïtien.	☐	☐

Justification : ....

2. Dany Laferrière est académicien. ☐ ☐

Justification : ....

b. Donnez des exemples qui illustrent cette remarque de l'écrivain : « Ce qui est fascinant, c'est la diversité contenue dans la langue ».

....

....

c. Quel rapport l'écrivain entretient-il avec l'écrit ?

....

....

d. Quelles significations attribue-t-il à la ponctuation ?

....

....

e. Comment justifie-t-il sa remarque finale : « Au fond, on n'a pas le temps de penser. » ?

....

....

Vocabulaire

1. Apprenez le vocabulaire.

Commutateur (n. m.)................................
Gradation (n. f.) ....
Exaspération (n. f.) ....
Irritation (n. f.) ....
Emportement (n. m.).................

Agressivité (n. f.) ....
Transiger (v.) ....
Charnu (adj.) ....
Oblongue (adj.) ....
Renflé (adj.) ....

2. Caractériser avec des fruits et légumes. Trouvez le sens associé à ces expressions avec des fruits et légumes.

a. pomme : Quelle pomme !

b. banane : Aujourd'hui, j'ai la banane.

c. navet : Je n'ai jamais vu pareil navet.

d. pois chiche : Il a un pois chiche dans la tête.

e. patate : Va donc, eh, patate !

f. Radis : j'ai plus un radis.

1. C'est un très mauvais film.

2. Il n'est pas très intelligent.

3. Je n'ai plus d'argent.

4. Il est naïf.

5. Je suis en pleine forme.

6. Il est stupide.

3. Vie affective. Trouvez le sens contraire.

a. mécontent ≠ ....

b. exaspéré ≠ ....

c. enthousiaste ≠ ....

d. déprimé ≠ ....

e. mélancolique ≠ ....

f. joyeux ≠ ....

4. Parler de l'autre. Trouvez le synonyme ou l'expression synonyme.

a. C'est un raté. → ....

b. Il est génial. → ....

c. C'est un frimeur. → ....

d. C'est un original. → ....

e. C'est un vrai ours. → ....

f. C'est un fonceur. → ....

5. Voici un sac de mots à propos des différents types de mots. Regroupez les mots selon le groupe auquel ils appartiennent.

mot écran ;
mot tendre ; demi-mot ;
traître mot ; mot tabou ;
mot à mot ; mot obscène ;
mot couvert ; mot d'ordre ;
mot-valise ; mot de passe ;
mot-outil ; mots croisés ;
mot-clé ; mot doux ;
dernier mot

a. objet : ....
....
....

b. sentiment : ....
....
....

c. discours : ....
....

6. À quel domaine appartient chacun des mots qui composent ces images culturelles ? De quoi parle-t-on ?

a. Le désert français → **géographie / campagne française**

b. Le corps électoral s'est peu mobilisé → ....

c. Un concert de protestations → ....

d. Il faut donner du grain à moudre aux syndicats → ....

e. Le cancer du chômage → ....

f. Fissures dans la majorité → ....

7. Lisez la bande dessinée de « Gloria ».

a. Quels sont les mots qui appartiennent au vocabulaire de l'informatique ?

→ ....

....

....

....

....

....

b. Trouvez des expressions équivalentes en lien avec le yoga.

→ ....

....

....

....

....

....

....

Vocabulaire

Pour commencer... on débranche tous les périphériques.

On nettoie le disque dur.

On ré-initialise notre système.

Avant de lui faire absorber de nouveaux logiciels...

Je suis bien au cours de yoga ?

8. Distinguez les niveaux d'emploi : langage courant ou langage administratif. Cochez.

	LANGAGE ADMINISTRATIF	LANGAGE COURANT
a. Votre passeport est périmé.	❐	❐
b. Votre voiture est pourrie.	❐	❐
c. Vous pouvez faire valoir vos droits à la retraite.	❐	❐
d. Vous pouvez bénéficier du dispositif pour une meilleure insertion des handicapés.	❐	❐
e. Aux « Restos », on continue *L'histoire d'un mec.*	❐	❐
f. Il y a deux prisonniers qui se sont fait la malle.	❐	❐

9. Caractérisez avec un adjectif de la liste.

vert ; imbuvable ; repoussant ; mûr ; insipide ; rassis

a. Personne ne peut le voir : il est ....

b. Cette fois il est prêt à parler : il est ....

c. Son discours n'embraie sur rien : il est ....

d. Il n'a vraiment plus aucune idée ; il redit toujours la même chose : il est ....

e. Il est encore un peu jeune mais il va mûrir : il est encore un peu ....

f. Physiquement, il me dégoûte : il est ....

Oral

1. À l'oral, certains mots ressemblent à d'autres. Voici le premier, trouvez le second.

a. maux → ....

b. île → ....

c. aile → ....

d. œufs → ....

e. d'où → ....

f. plaie → ....

N° 1   **2. Écoutez cette émission de radio. Répondez aux questions et faites les activités.**

a. Quels sont les mots cités dans l'interview par Mme de la Fouchardière ?

....

....

b. Associez chaque mot à une caractéristique.

1. Mot conquérant : ....

2. Un lieu de Paris : ....

3. Une personne : ....

4. Mot qui s'est métamorphosé : ....

5. Mot immigré : ....

c. Pour les mots « rien », « bureau » et « tennis », complétez les parties du tableau selon les informations données par Jeanne de la Fouchardière.

	rien	bureau	tennis
• **Mot actuel** • **Sens**			
• **Mot d'origine** • **Date**			
• **Sens** • **Évolution du sens**			

Vocabulaire

1. Apprenez le vocabulaire.

Soupçon (n. m.) .... Acharné (adj.) ....
Appliquer (s') (v.) .... Tatillon (adj.) ....
Guetter (v.) .... Atypique (adj.) ....
Rater (v.) .... Imperceptible (adj.) ....
Trancher (v.) .... Chatouilleux (adj.) ....
Travestir (v.) .... Malin (adj.) ....

2. Vérifiez la compréhension du témoignage de Nancy Huston et de l'article de Fabien Trécourt (Livre de l'élève, p. 16).

a. TÉMOIGNAGE DE NANCY HUSTON. Dites si ces affirmations sont vraies ou fausses.

	VRAI	FAUX
1. Le français est la langue d'adoption de Nancy Huston.	❑	❑
2. Elle est soucieuse de ses traces d'accent.	❑	❑
3. Elle n'a pas peur de faire des fautes.	❑	❑
4. Les Français sont tolérants avec les fautes des étrangers.	❑	❑
5. Les Français accordent facilement la qualité de francophone.	❑	❑

b. ARTICLE DE FABIEN TRÉCOURT. Associez les phrases de l'article aux termes suivants.

1. Au droit à l'erreur → ....

....

2. À la peur de rater → ....

....

3. Au droit à l'expérience → ....

....

3. Complétez avec le verbe de la liste qui convient.

essayer ; s'appliquer ; rater ; recommencer ; se tromper ; s'améliorer

a. Il n'a pas réussi son examen. → Il ....

b. Elle a écrit un mot à la place d'un autre. → Elle ....

c. Elle a fait des progrès. → Elle ....

d. Quand il écrit, il fait très attention à ne pas faire de fautes. → Il ....

e. Elle a mal fait un exercice. → Elle ....

f. Il a des difficultés. → Il .... de faire mieux.

4. DU VERBE AU SUBSTANTIF. Trouvez le bon mot.

a. Échouer → **l'échec** des négociations.

b. Rater → .... des essais.

c. Améliorer → .... des résultats.

d. Commencer → .... de l'expérience.

e. Essayer → .... en laboratoire.

f. Appliquer → .... à l'environnement quotidien.

5. Caractérisez avec un adjectif de la liste.

indispensable ; tatillon ; maladroit ; malin ; atypique ; acharné

a. Il ne s'arrête jamais de travailler ; c'est un travailleur ....

b. Il ne fait rien comme les autres ; il est très ....

c. Je ne peux pas me passer de sa compagnie ; il m'est ....

d. C'est le roi des gaffes avec les gens ; il est incroyablement ....

e. Il arrive toujours à s'en tirer ; il est ....

f. Elle ne laisse rien passer ; elle est ....

6. Le masculin et le féminin difficilement reconnaissables. Complétez avec *un* ou *une*.

a. .... changement imperceptible.

b. .... genre atypique.

c. .... occasion semblable.

d. .... argument sensible.

e. .... condition indispensable.

f. .... attitude hostile.

Grammaire

1. Répondez négativement en utilisant les pronoms personnels.

Une enquête qui n'avance pas...

a. – Tu as trouvé la solution ?

→ **Non, je ne l'ai pas trouvée.**

b. – Tu as rassemblé des preuves ?

→ Non, ...

c. – Vous avez déjà interrogé les témoins ?

→ Non, ...

d. – Vous avez parlé à la famille de la victime ?

→ Non, ...

e. – Tu as lu le rapport du médecin ?

→ Non, ...

f. – Vous avez visité des lieux qu'elle fréquentait ?

→ Non, ...

2. Complétez avec un pronom relatif.

Souvenirs

a. Le village .... j'aime.

b. Le café .... nous nous sommes rencontrés.

c. L'amie .... nous a réunis.

d. La maison .... on a toujours rêvé.

e. La terrasse .... nous avons souvent parlé.

f. L'appel .... j'attendais.

Unité 1 - Leçon 1 - Choisir sa vie

Vocabulaire

1. Apprenez le vocabulaire.

Carnaval (n. f.) .... Assouvir (v.) ....
Fracture (n. f.) .... Prédisposer (v.) ....
Randonnée (n. f.) .... Tracé (adj.) ....
Guérison (n. f.) .... Endiablé (adj.) ....
Revanche (n. f.) .... Suicidaire (adj.) ....
Errance (n. f.) .... Irrépressible (adj.) ....
Chaos (n. m.) .... Arrosé (adj.) ....
Aspirer (v.) .... Hasardeux (adj.) ....
Déboucher (v.) .... Intense (adj.) ....
Escalader (v.) .... Allergique (adj.) ....
Prescrire (v.) .... Asthmatique (adj.) ....

2. Associez les mots aux verbes.

a. escalade   **1.** explorer

b. randonnée   **2.** parcourir

c. expédition   **3.** résider

d. errance   **4.** se promener

e. séjour   **5.** grimper

f. traversée   **6.** vagabonder

3. Complétez avec un verbe de la liste.

désirer ; se dépasser ; rêver ; remettre en question ; aspirer ; assouvir

Sortir de soi

a. .... au repos.   **d.** .... un impossible rêve.

b. .... sa curiosité.   **e.** .... un mode de vie.

c. .... un homme / une femme.   **f.** .... dans l'effort.

4. Préfixe en « ir » ou en « in ». Donnez un préfixe à chaque mot.

a. réfléchi → ....

b. dépendant → ....

c. régulier → ....

d. résolu → ....

e. productif → ....

f. expérimenté → ....

Grammaire

1. Exprimer un regret. Complétez les phrases.

Si vous m'aviez écouté....

a. vous (*être*) .... plus attentif à son changement d'attitude.

b. vous (*appeler*) .... son médecin.

c. vous (*venir*) .... plus souvent le voir.

d. vous (*demander*) .... des conseils.

e. vous (*se renseigner*) .... sur les conséquences de son état de santé.

f. vous (*ne pas partir*) .... en vacances.

2. Exprimer un souhait. Complétez les phrases.

Je souhaite que...

a. vous (*travailler*) .... davantage en équipe.

b. vous (*se réunir*) .... plus souvent.

c. vous (*prendre*) .... des décisions ensemble.

d. vous (*se répartir*) .... mieux le travail.

e. vous (*créer*) .... un groupe de projet.

f. vous (*obtenir*) .... rapidement des résultats.

Oral

1. Exprimer une volonté. Confirmez comme dans l'exemple.

N° 2   **a.** Il réussit. Vous le souhaitez ?

    → **Je souhaite qu'il réussisse.**

b. Il tient ses promesses. Vous l'exigez ?

  → ....

c. Il perd du temps. Je le regrette.

  → ....

d. Il écoute les bons conseils de ses amis. Je l'espère.

  → ....

e. Il fait encore plus d'efforts. Je l'aimerais.

  → ....

f. Il s'inscrit au concours. Il en a l'intention.

  → ....

2. Écoutez le micro-trottoir et classez les informations.

N° 3   *micro-trottoir*

La montagne est un lieu qui offre de multiples possibilités. Si on vous proposait d'aller vous ressourcer en montagne, qu'est-ce que vous aimeriez faire ?

	Où ?	Quoi faire ?	Ressentir quoi ?
Femme 1			
Homme 1			
Homme 2			
Femme 2			
Femme 3			

Écrit et civilisation

1. Lisez le texte et faites les activités.

Samuel Grzybowski, l'œcuménique

Dans *Tous les chemins mènent à l'autre*, **Samuel Grzybowski, un jeune homme de 22 ans, revient sur ce tour du monde interreligieux qui a changé sa vie et accéléré la trajectoire de l'association « Coexister », qu'il a fondée il y a six ans, à tout juste 16 ans.**

[…] Tout commence en 2009. Samuel Grzybowski n'a alors que 16 ans et organise avec d'autres jeunes de diverses confessions une vaste opération de collecte du sang, « Ensemble à sang % ». En menant cette opération conjointe, ils veulent lutter contre l'importation du conflit israélo-palestinien chez les jeunes et sur les réseaux sociaux montrer qu'il s'agit d'un conflit « *qui n'est pas à caractère religieux mais politique.* »

Cent cinquante dons du sang plus tard, l'idée de rassembler les jeunes au-delà de leurs confessions fait son chemin et *Coexister* voit le jour à Paris, où le jeune homme a grandi, entre un père journaliste et une mère graphiste, tous deux catholiques pratiquants. Pensée comme « *le mouvement interreligieux des jeunes* », l'association connaît une croissance rapide et gagne en notoriété grâce à un projet plutôt inédit lancé à l'été 2013, l'*InterFaith* Tour, sorte de tour du monde des acteurs de l'interreligieux.

Embarquent alors pour dix mois d'aventures Samuel, Ilan, Ismaël, Josselin et Victor, cinq garçons qui deviendront des amis au fil du voyage. Un chrétien, un juif, un musulman, un agnostique, un athée rassemblés par la même envie d'aller voir aux quatre coins du monde les initiatives existantes favorisant le dialogue interreligieux.

C'est ce périple que Samuel Grzybowski raconte dans *Tous les chemins mènent à l'autre*, carnet de voyage dans lequel on retrouve le quotidien de ces 300 jours, ses joies, ses peines et ses doutes. Une façon pour le jeune homme de réaliser que « *tout cela a bien existé.* »

Qu'est-ce qui l'a le plus marqué, au cours de cette année hors du commun ? « *Tout*, répond-il du tac au tac. *C'est impossible de résumer une année aussi dense en un ou deux moments.* » Des temps forts, pourtant, ce voyage n'en a pas manqué. Leur rencontre avec le pape François, qu'il qualifie pudiquement d'exceptionnelle, en fait partie. Mais ne saurait, selon lui, occulter « *tous ces autres acteurs plus ou moins connus, qui font des choses fantastiques dans leur coin.* » […]

Le Caire, Tel-Aviv, Mascate, Varsovie… Au fil des mois, les cinq comparses franchissent les frontières, multiplient les destinations et les rencontres avec enthousiasme. […] Au fil du voyage, il se « *repose toujours les questions fondamentales de l'existence et y apporte quelques éléments de réponse* ». « *En trois cents jours, on apprend à se connaître et cela vient avec le doute* », dit-il sobrement.

Après Tokyo, l'équipe s'envole pour la Chine, puis le reste de l'Asie, avant de gagner l'Amérique et Montréal, destination « *presque* » finale. « *Presque* » seulement, car après ce tour du monde, c'est un tour de France qui s'annonce. […] Les cinq camarades reprennent la route, s'arrêtant de ville en ville le temps d'une conférence, pour raconter leur aventure et sensibiliser les jeunes à cette coexistence des religions qui leur tient à cœur.

Aujourd'hui, un peu moins d'un an après la fin de cette aventure, Samuel a repris la casquette de *Coexister*. […] C'est que la structure a fait un petit bout de chemin depuis sa création. On compte désormais 1 800 adhérents, 600 jeunes bénévoles à travers la France et une poignée de salariés ainsi qu'un budget conséquent. « *On a vraiment eu un changement d'échelle avec le tour du monde.* » […]

Julie-Anne De Quelroz, *lefigaro.fr*, 26 février 2015.

a. À quoi correspondent ces dates ?

1. 2009 : .... **2.** 2013 : ....

b. Comment s'appelle l'association et quel est son but ?

....

c. Retrouvez le nom des acteurs de l'aventure.

....

d. Relevez les différentes étapes de ce parcours à travers le monde.

....

e. Quelles ont été les questions qui revenaient tout le temps ?

....

f. Que devient l'association aujourd'hui ?

....

Vocabulaire

1. Apprenez le vocabulaire.

Équilibriste (n. m.) ....
Accélérateur (n. m.) ....
Survie (n. f.) ....
Incertitude (n. f.) ....
Mammifère (n. m.) ....
Déni (n. m.) ....
Précaution (n. f.) ....
Accroissement (n. m.) ....
Port (n. m.) ....
Griller (v.) ....

Épuiser (v.) ....
Puiser (v.) ....
Rehausser (v.) ....
Pimenter (v.) ....
Dévaler (v.) ....
Relativiser (v.) ....
Baliser (v.) ....
Nocif (adj.) ....
Draconien (adj.) ....

2. Vérifiez la compréhension de l'article *Pourquoi a-t-on le goût du risque ?* (Livre de l'élève, p. 22).

a. Classez les risques puis les attitudes face au risque.

→ ....

b. Trouvez les explications face au risque.

→ ....

3. Remplacez le verbe par un verbe de la liste.

rehausser ; priser ; relativiser ; dénier ; pimenter ; goûter

a. Il *conteste* absolument la responsabilité de ses écrits. → ....

b. Il *apprécie* le compliment que je lui fais. → ....

c. Ses qualités d'orateur sont très *estimées*. → ....

d. Il sait *rendre piquant* son discours par ses traits d'humour. → ....

e. Il *met* toujours *de la distance* dans ses propos. → ....

f. Ses interventions *relèvent* souvent le niveau des colloques. → ....

4. Qu'est-ce que j'exprime quand je dis... ? Aidez-vous de la liste de l'encadré, page 23 du livre de l'élève.

a. Non ! Je n'y arriverai jamais... Je ne peux pas affronter le jury dans cet état-là.

→ ....

b. Mais qu'est-ce qui a bien pu leur arriver ? Pourquoi ne donnent-ils pas de leurs nouvelles ? Ça fait deux jours que l'on attend...

→ ....

c. Il faut que tu m'aides. Je suis complètement débordé, je n'y arriverai jamais.

→ ....

d. Quand il m'a interpellé, j'ai fait un bond, tu n'imagines pas !

→ ....

e. Je ne suis jamais tranquille ; j'ai toujours le sentiment qu'il va lui arriver quelque chose.

→ ....

f. Si vous aviez vu ça... les gens hurlaient... certains essayaient de s'enfuir, se piétinaient... il y avait du sang partout...

→ ....

5. Caractérisez avec les adjectifs de la liste de l'exercice 6, page 23 du livre de l'élève.

a. Les enfants font ce qu'ils veulent ; il n'y a pas de contrôle ; c'est une éducation vraiment ....

b. Elle donne beaucoup d'elle-même et elle demande beaucoup aux autres. Elle est très ....

c. Elle veut toujours avoir ses enfants autour d'elle ; elle les accompagne partout ; c'est une mère ....

d. Elle accepte d'examiner tous les arguments ; elle ne craint pas d'être contredite ; c'est une femme très ....

e. Elle laisse beaucoup d'initiatives à ses enfants ; elle les contredit rarement ; c'est une éducation ....

f. Tout n'est que contrôle ; elle les soupçonne en permanence ; elle interdit et sanctionne. C'est un choix très ....

Grammaire

1. EXPRIMER LA CAUSE. **Transformez les phrases avec les mots entre parenthèses.**

a. Louis fait un régime amincissant. Il fait très attention à ce qu'il mange. (*comme*)

→ **Comme Louis fait un régime amincissant, il fait très attention à ce qu'il mange.**

b. Il ne mange plus que des produits basses calories. Il ne va plus au restaurant. (*puisque*)

→ ....

c. Il n'avait pas l'habitude de faire attention. Il manque parfois de rigueur. (*faute de*)

→ ....

d. Il y met beaucoup de volonté. Les résultats sont spectaculaires. (*à force de*)

→ ....

e. Il se fait aider par une nutritionniste. Il arrive à mieux tenir le coup. (*grâce à*)

→ ....

f. Les résultats sont vraiment spectaculaires. Ce n'était pas gagné d'avance. (*d'autant que*)

→ ....

2. Donner une explication avec *à cause de... ; parce que... ; comme... ; puisque... ; sous prétexte que... ; en raison de...* **Reliez les deux phrases.**

a. C'est le 15 août. Tout le monde est en vacances. (*comme*)

→ ....

b. Je reste seul au bureau. Tout le monde est parti. (*puisque*)

→ ....

c. Pourquoi tu ne pars pas toi aussi ? Je suis célibataire et j'ai du travail. (*parce que*)

→ ....

d. Il n'est pas parti. Sa copine n'a pas voulu partir avec lui. (*à cause de*)

→ ....

e. La direction lui a aussi demandé de rester. Le carnet de commandes est plein. (*sous prétexte que*).

→ ....

f. Il n'a pas osé refuser. Il est arrivé récemment dans la boîte. (*en raison de*)

→ ....

Écrit et civilisation

1. **Lisez le texte et faites les activités.**

Quand le sport rend fou

La course à pied rend fou. « *Cette année, j'y vais en mode cool* », affirme ainsi Yann, 31 ans, capable de monter et de descendre les Buttes-Chaumont, à Paris, au petit matin, avant une journée de boulot et… seul ! « *Je suis shooté, je l'assume* », avoue ce jeune père, psychologue de son état. Elle rend fou, oui, tout comme cet autre sport, le cross-fit, la dernière discipline à la mode, à laquelle s'adonne Étienne, coiffeur de 27 ans, à raison de huit à dix heures par semaine. « *Le principe, c'est d'enchaîner les pompes, tractions, etc., mais dans un temps donné. C'est intense, je deviens hystérique. J'ai plus de bras, plus de jambes, mes yeux changent. Je suis mort mais il faut tenir* », raconte-t-il, en tripotant un sachet de fruits secs énergétiques de ses mains baguées, juste après une séance, qu'il appelle un *workout*. Fou, comme le ski de randonnée lorsqu'il est pratiqué le matin avant le boulot, le midi avec les collègues et le soir à la lueur de la lampe frontale. Comme le vélo, bien sûr – combien d'os brisés et de peaux brûlées à cause d'une chute due à l'épuisement ? – Tous ces sports d'endurance ou de résistance n'ont en effet d'une promenade de santé que l'apparence. À petite dose, ils sont l'indispensable correction de nos sociétés sédentaires. À haute dose, ils sont le symptôme d'une modernité devenue stressante depuis que la courbe des licenciements et celle des divorces surclassent, par leur vigueur, un taux de croissance anémié. Entre le footing du dimanche, avec les copains, et la rigueur d'un plan d'entraînement, il y a les courbatures et les blessures, l'ostéo et les infiltrations. Et aussi, les bas de contention et quelques autres accessoires pareillement sexy, conçus pour protéger des traumatismes et accélérer la récupération. Enfin, au cours de certaines épreuves tout au moins, on devine l'abus d'antalgiques et d'anti-inflammatoires – un grand secret, un tabou, sauf sur les forums spécialisés.

Daniel Bernard, *Marianne*, n° 924, du 2 au 8 janvier 2015.

a. **Remplissez le tableau.**

Type de sport	Modalités de la pratique	Conséquences

b. **Qu'est-ce que ces pratiques sportives révèlent de nos sociétés ?**

....

c **Quelles sont les conséquences d'une pratique à haute dose ?**

1. Conséquences physiques : ....

2. Conséquences sur le comportement : ....

Vocabulaire

1. Apprenez le vocabulaire.

Graine (n. f.)	Endurer (v.) ....
Dose (n. f.)	Germer (v.) ....
Humiliation (n. f.)	Rimer (v.) ....
Cassure (n.f.)	Exacerber (v.) ....
Remise à plat (n.f.)	Mûri (adj.) ....
Humanitaire (n. m.)	Téléguidé (adj.) ....
Fantasme (n. m.)	Stigmatisant (adj.) ....
Anonymat (n. m.)	Humilié (adj.) ....
Notoriété (n. f.)	Dissolu (adj.) ....
Pression (n. f.)	Traqué (adj.) ....
Gérer (v.)	Perturbé (adj.) ....
Déclencher (v.)	Violé (adj.) ....
Effondrer (s') (v.)	

2. Vérifiez la compréhension du document audio *Rebondir après un échec* (Livre de l'élève p. 24). Choisissez la bonne réponse.

a. Stéphanie Rivoal travaillait ☐ **1.** dans la finance. ☐ **2.** dans l'enseignement.

b. Stéphanie Rivoal a été ☐ **1.** reconnue dans son métier. ☐ **2.** licenciée.

c. Son licenciement ☐ **1.** a été humiliant. ☐ **2.** s'est bien passé.

d. Elle s'est sentie ☐ **1.** heureuse. ☐ **2.** blessée.

e. Elle a travaillé ☐ **1.** dix ans. ☐ **2.** six ans.

f. Elle a arrêté pour des raisons ☐ **1.** familiales. ☐ **2.** professionnelles.

g. Elle a choisi de travailler ☐ **1.** dans l'humanitaire. ☐ **2.** dans le médical.

3. Du verbe au substantif. Complétez.

a. Humilier → J'ai subi une grosse ....

b. Stigmatiser → J'ai encore des traces de cette ....

c. Licencier → J'ai appris mon .... la veille.

d. Remettre à plat → Je me suis posé beaucoup de questions, l'occasion d'une ....

e. Blesser → J'ai ressenti comme une ....

f. Casser → Ça a été une vraie .... dans ma vie.

4. Féliciter ou consoler. Complétez avec une expression de la liste.

bravo ; ce n'est pas la fin du monde ; courage ; toutes mes félicitations ; ce n'est pas si grave ; ne t'en fais pas

a. Bon... on a perdu. ...., il y a pire !

b. .... ! On va y arriver.

c. .... ! Vous avez gagné le marché.

d. Après tout, ..., on a déjà réussi, on réussira une autre fois.

e. Tu as tout fait pour que ça marche, ..., je suis sûr que la prochaine fois sera la bonne.

f. .... pour ta promotion !

5. Caractérisez avec un des mots de la liste.

perturbé ; blessé ; dissolu ; traqué ; exacerbé ; violé

a. Il est à vif ; il a une sensibilité ....

b. On le poursuit partout ; il a le sentiment d'être ....

c. Son comportement est parfois bizarre ; il est très ....

d. Il ne maîtrise plus rien. Ça part dans tous les sens. Sa vie est complètement ....

e. On veut tout savoir d'elle ; elle n'a plus d'intimité ; elle a l'impression d'être ....

f. Il l'a humiliée ; elle est profondément ....

Grammaire

1. Donner des conseils à l'impératif.

a. Prendre soin de soi → .... !

b. Se changer les idées → .... !

c. Faire du sport → .... !

d. Rester concentré sur l'objectif → .... !

e. Revoir ce qui n'a pas marché → .... !

f. Croire en sa capacité de réussir → .... !

2. Donnez des conseils à la forme négative. Utilisez l'impératif.

a. Ne pas s'en faire.

→ ....

b. Ne pas se laisser abattre.

→ ....

c. Ne pas se déconnecter.

→ ....

d. Ne pas prendre de vacances.

→ ....

e. Ne pas écouter les mauvais conseils.

→ ....

f. Ne pas se décourager.

→ ....

Écrit et civilisation

1. Lisez le texte. Faites les activités

Amandine, la Bolivie dans un sac

Dernière de quatre enfants, Amandine grandit dans une famille de mélomanes et se lance très tôt dans la musique. Après sa scolarité dans une petite école de campagne, elle intègre un conservatoire régional avant d'étudier à l'étranger. Le bac en poche, la jeune femme enseigne la musique puis s'illustre en tant qu'instrumentiste en musique de chambre. Animée par le désir de multiplier les expériences, elle s'ouvre à d'autres collaborations artistiques. Mais si sa vie de musicienne est riche en découvertes, elle a néanmoins le sentiment de passer à côté de quelque chose : « *Je me suis investie très jeune dans la musique. J'avais l'impression de ne pas connaître grand-chose en dehors de cette sphère.* » Amandine a besoin d'explorer. C'est par le biais de la musique qu'elle part en Bolivie. « *Je souhaitais m'immerger pleinement dans une culture inconnue.* » À 26 ans, la violoncelliste professionnelle quitte sa vie confortable pour relever un nouveau défi. Sur place, elle enseigne la musique aux enfants du village durant deux ans. Parachutée au cœur de la pampa bolivienne, son dépaysement est total : « *Moi qui avais une vie urbaine assez superficielle, d'un seul coup je me trouvais dans un village où tout le monde se déplaçait à cheval. C'était surprenant.* » Ce voyage lui permet de faire le point. En se lançant dans cette aventure, Amandine ne pensait sans doute pas que la parenthèse amazonienne allait chambouler ses aspirations autant que sa philosophie de vie.

Immergée en terre inconnue, Amandine apprend l'espagnol en écoutant les chansons romantiques à la radio et monte des projets ambitieux en lien avec des ONG. « *J'ai créé une classe de musique avec des enfants handicapés et, par ailleurs, je montais des spectacles avec des marionnettistes. Nous sommes allés à la rencontre de peuples amérindiens en pleine forêt amazonienne.* » Dans ces échanges permanents, la jeune femme s'enrichit de jour en jour. Elle profite de son temps libre pour tisser des liens avec la population locale et s'intéresser à leur artisanat. [...] Elle confectionne des sacs, des petits chapeaux ou encore des ceintures. Étrangère parmi la quinzaine de locaux, elle est un peu le grain de folie de la tannerie *La Curtiembre del ginete* (« la tannerie du cheval sauvage »). « *J'y ai trouvé l'authenticité que je cherchais et cela m'a permis d'observer leur manière de vivre et d'échanger sur nos cultures. C'était très formateur.* »

Amandine GROSSE, *Ils ont changé de vie*, Édition de la Martinière, 2015.

a. Reconstituez les étapes de l'itinéraire musical d'Amandine Grosse.

....

b. Quand décide-t-elle de rompre avec l'univers musical et pour quoi faire ?

....

c. Cochez la bonne réponse. Elle apprend l'espagnol...

❏ **1.** en suivant des cours dans des ONG.   ❏ **2.** en écoutant les chansons à la radio.

d. Dites si ces affirmations sont vraies ou fausses.

	VRAI	FAUX
1. Elle a créé des classes avec des enfants handicapés.	❏	❏
2. Elle a monté des spectacles avec des marionnettistes.	❏	❏
3. Elle fait venir des peuples amérindiens.	❏	❏

e. Complétez les phrases.

1. Elle profite de son temps libre pour ....

2. Elle confectionne ....

Vocabulaire

1. Apprenez le vocabulaire.

Maçon (n. m.)	....	Frustration (n. f.)	....
Biologie (n. f.)	....	Adrénaline (n. f.)	....
Boulot (n. m.)	....	Assembler (v.)	....
Bâtisseur (n. m.)	....	Bosser (v.)	....
Bénévole (n. m.)	....	Déménager (v.)	....
Parachutiste (n. m.)	....	Éclater (s') (v.)	....
Absentéisme (n. m.)	....	Chouette (adj.)	....

2. Vérifiez la compréhension du document vidéo (Livre de l'élève, p. 26).

a. Complétez les phrases.

1. J'ai commencé l'aventure ....

2. Qui n'a pas rêvé ....

3. C'est vraiment très rare que je me dise ....

4. Ce que j'adore ....

5. La maçonnerie, c'est ....

6. Un beau mur ça vaut ....

7. C'est les entrées des visiteurs ....

8. Ce qu'on appelle les bâtisseurs ....

b. Notez les données suivantes.

1. Ouverture du chantier : ....

2. Nombre de salariés : ....

3. Nombre de visiteurs par an : ....

4. Nombre de bâtisseurs : ....

5. Durée du séjour des bâtisseurs : ....

3. Vérifiez la compréhension de l'article sur Thierry Marx (Livre de l'élève, p. 27).

a. À quoi correspondent ces chiffres et dates ?

1. 11 ans : ....

2. 5 ans : ....

3. 1988 : ....

4. 2006 : ....

b. À quelles expériences sont liés ces lieux ?

1. Champigny-sur-Marne : ....

2. Australie : ....

3. France : ....

4. *Le Roc en Val* : ....

4. Trouvez le nom qui correspond à chaque définition.

a. Il travaille à la construction d'un édifice. → ....

b. Il donne gratuitement de son temps. → ....

c. Il est payé pour travailler. → ....

d. Il travaille les pierres qui servent à la construction. → ....

e. Il saute d'un avion pour aller occuper le terrain. → ....

f. Il crée les structures qui vont supporter la toiture. → ....

5. Des verbes d'action dans un emploi imagé. **Complétez avec les verbes de la liste.**

tailler ; construire ; scier ; forger ; marteler ; casser

a. .... un tempérament.

b. .... un argument.

c. Se .... un beau succès.

d. .... la branche sur lequel on est assis.

e. .... la réputation de quelqu'un.

f. .... un discours.

6. Exprimer un intérêt. **Associez.**

a. Cet article a retenu mon intérêt.

b. Il lit tout ce qu'il trouve sur le sujet.

c. Il est très marqué par le drame qui a frappé une de ses amies.

d. Il n'aime pas qu'on lui fasse des reproches.

e. Il est très atteint par ce qu'il vient de vivre.

f. Ce qui a été dit sur lui l'offusque.

1. Il est affecté.

2. Il est intéressé.

3. Il est offensé.

4. Il est éprouvé.

5. Il est touché.

6. Il est passionné.

Grammaire

1. Expression du passé. **Répondez aux questions en employant les expressions suivantes :**
cela faisait... que ; après... ; après que... ; en... ; depuis ; à partir de...

> **Biographie express en six dates**
>
> • 1998 : Joue en amateur au théâtre (il a 18 ans)
>
> • 2001 : Entrée au conservatoire d'art dramatique
>
> • 2004 : Premier Prix de comédie
>
> • 2006 : Décroche son premier grand rôle
>
> • 2008 : Molière du meilleur acteur dans un second rôle
>
> • 2012 : Triomphe dans la comédie de Yasmina Réza

a. À partir de quand a-t-il commencé à faire du théâtre amateur ?

→ ....

b. Quand il est entré au Conservatoire d'art dramatique, cela faisait combien de temps qu'il jouait en amateur ?

→ ....

c. Combien de temps après sa sortie du conservatoire a-t-il décroché son premier rôle ?

→ ....

d. En combien de temps a-t-il préparé le conservatoire ?

→ ....

e. Combien de temps après qu'il a reçu son Molière a-t-il triomphé dans la pièce de Yasmina Reza ?

→ ....

f. Depuis combien de temps était-il sorti du conservatoire quand il a décroché son premier grand rôle ?

→ ....

2. **Répondez négativement comme dans l'exemple.**

a. – Vous aimez sortir ?

– Non, je n'aime pas sortir.

b. – Vous voyagez beaucoup ?

→ ....

c. – Vous suivez l'actualité politique ?

→ ....

d. – Vous avez participé au projet ?

→ ....

e. – Vous vous êtes préparé pour l'entretien ?

→ ....

f. – Vous avez fait le compte-rendu de la réunion ?

→ ....

Vocabulaire

1. Apprenez le vocabulaire.

Utopie (n. f.) ....
Abbaye (n. f.) ....
Fourneau (n. m.) ....
Pionnier (n. m.) ....
Gouvernance (n. f.) ....
Écosystème (n. m.) ....
Infrastructure (n. f.) ....
Envisager (v.) ....
Disposer (v.) ....
Affairer (s') (v.) ....

Trancher (v.) ....
Receler (v.) ....
Imposer (v.) ....
Déçu (adj.) ....
Charnu (adj.) ....
Patiné (adj.) ....
Regardant (adj.) ....
Défiant (adj.) ....
Transgressif (adj.) ....

2. Vérifiez la compréhension du document audio (Livre de l'élève, p. 28). Écoutez et dites si ces affirmations sont vraies ou fausses.

	VRAI	FAUX
a. Aux Comores, les femmes sont propriétaires de leur maison.	❏	❏
b. Auroville est constitué d'une seule communauté.	❏	❏
c. Dans une communauté, tout est mis en commun.	❏	❏
d. Christiana n'obéit pas à certaines lois du Danemark.	❏	❏
e. La règle de vie, c'est que chacun fait comme tous les autres.	❏	❏
f. Christiana est une utopie qui a réussi.	❏	❏

3. Vérifiez la compréhension des articles (Livre de l'élève, page 29).

a. Donnez la carte d'identité de l'écovillage d'Ithaca.

1. Situation : ....

2. Date de création : ....

3. Nombre de maisons : ....

4. Nombre d'appartements : ....

5. Nombre de fermes biologiques : ....

6. Nombre d'hectares d'espaces verts protégés : ....

7. Modèle d'habitat : ....

8. Mode de gouvernance : ....

9. Mode d'organisation d'un quartier : ....

b. « La démocratie directe » : dites s'ils ont voté pour ou contre.

	POUR	CONTRE
1. Route de contournement.	❏	❏
2. Droit de vote à 16 ans.	❏	❏
3. Réglementation du temps de travail.	❏	❏
4. Mise en place d'un système d'assurance vieillesse.	❏	❏
5. Réduction du nombre de communes.	❏	❏

c. Dans l'article « L'écovillage d'Ithaca en Amérique », recherchez tous les mots qui contiennent l'idée de communauté.

....

....

d. LES MOTS DE L'UTOPIE. **Complétez. Aidez-vous du Livre de l'élève, page 29 et du reportage audio.**

1. Un mode de vie ....

2. Un habitat ....

3. Une décision ....

4. Une communauté ....

5. Un bien ....

6. Une idée ....

e. FAIRE UN PROJET. **Mettez les verbes de la liste dans l'ordre.**

rêver ; envisager ; imaginer ; créer ; préserver ; construire ; aménager ; concevoir

1. ....

2. ....

3. ....

4. ....

5. ....

6. ....

7. ....

8. ....

COMPRÉHENSION DE L'ORAL

N° 4 Écoutez ce reportage et répondez aux questions.

1. Notez les informations suivantes.

a. Nombre d'étudiants étrangers accueillis chaque année : ....

b. Place occupée comme pays de destination : ....

c. Indice de satisfaction : ....

2. Complétez le tableau suivant.

	Étudiant 1	Étudiant 2	Étudiant 3	Étudiant 4
Nom de l'étudiant				
Pays d'origine				
Études poursuivies				

3. Dites si ces affirmations sont vraies ou fausses.

	VRAI	FAUX
a. Yana vient de décrocher un emploi à temps partiel pour six mois.	❑	❑
b. Parth trouve que le système de transport français est le meilleur du monde.	❑	❑
c. Pour Hua Zhu et Lin Xiang, il y a en France une vision de la vie assez équilibrée.	❑	❑
d. Pour Roberta, la politique est moins présente dans les discussions qu'au Brésil.	❑	❑

COMPRÉHENSION DES ÉCRITS

Répondez aux questions en cochant la bonne réponse.

Des parlures venues d'ailleurs

Comme partout, il y a des mots vedettes qui se sont imposés. Parce qu'ils sont drôles comme argent-braguette pour les allocations familiales aux Antilles ; poulet-bicyclette, volaille élevée en pleine nature en Côte d'Ivoire. Ou bien ce sont des mots très sérieux devenus incontournables avec le temps comme la votation, consultation populaire en Suisse ; ou la parlure qui désigne au Québec la façon de parler.

Nous voici dans le vocabulaire de la francophonie, on l'a compris. Le savant linguiste Bernard Cerquiglini appelle joliment cela « le français augmenté ». Augmenté de tous ces mots, locutions et expressions qui, venant de pays francophones, témoignent de la vie libre et inventive de la langue, notre bien commun. Les dictionnaires de référence accueillent dans leur édition annuelle quelques-unes de ces trouvailles exotiques. Elles s'ajoutent au « français de référence » de Paris, plus ou moins codifié, tenu, défendu par l'Académie française. Mais si l'on veut apprécier toute la diversité de ce « français augmenté », pratiqué en Belgique, en Suisse, en Louisiane, au Québec, en Afrique etc., il faut se plonger dans le livre à la fois érudit et divertissant de Bernard Cerquiglini : *Enrichissez-vous ! Parlez francophone !*

Attention ! Tout n'est pas digne d'éloge. Il y a aussi des horreurs. [...] Mais les grains de beauté et les jolies taches de rousseur sont beaucoup plus nombreux que les verrues. Relevons par exemple nom de crasse, surnom affectueux donné en Côte d'Ivoire, mémérer, cancaner, faire des commérages, mémère étant synonyme de commère au Québec (en Afrique de l'Ouest, papoter, cancaner se dit commérer) ; égoportrait, mot élu au Québec pour remplacer avec ironie selfie ; adololer, en Suisse bercer un enfant pour l'endormir ; gouttiner, verbe employé par les Belges pour une pluie très légère.

Comment ne pas admirer le tais-toi qui désigne en Guinée et au Congo un billet de banque assez gros pour acheter un silence ou une faveur ? J'aime beaucoup la locution belge être bleu, être très épris d'une personne ou raffoler de quelque chose. « Je suis bleu de la Castafiore... » Quoi de plus poétique que marivauder, faire la cour, draguer, dans la version québécoise chanter la pomme ?

Les Québécois sont très inventifs dans les expressions. Cerquiglini en donne un florilège, telles pauvre comme une souris d'église, très pauvre, vrai comme la bedaine du curé, d'une incontestable évidence, avoir les mains pleines de pouces, être malhabile de ses doigts, être laid à arrêter le sang, se manger le derrière de la tête, se ronger les sangs, faire rire les poissons, raconter des calembredaines, des sornettes.

Les verves populaires se sont évidemment emparées du sexe. À La Réunion, le mariage derrière la cuisine est une expression qui s'emploie pour des relations sexuelles clandestines. En Afrique, les hommes sont aussi retenus le soir à leur bureau. D'où le substantif deuxième bureau pour désigner la maîtresse d'un homme marié. Une amante occasionnelle ne sera qu'une roue de secours. Et l'amant de passage un pneu de secours ?

Toujours en Afrique, où l'on n'a pas peur de mots, se prostituer se dit faire boutique son cul.

Bernard Cerquiglini explique la construction de mots de la francophonie par l'adjonction de préfixes, de suffixes, par des dérivés de sens, par le recours aux mots-valises, etc. Il insiste avec raison sur l'abondante création de verbes comme siester, beloter, bêtiser à l'évidente signification, qui font l'économie de périphrases et de tournures embarrassées. Ainsi droiter (tourner à droite), entorser (la cheville ou le règlement), confiancer, noëler, vigiler, agender…

Mais, je n'ai pas trouvé mon cher girafer : se dit d'un élève africain qui tend le cou pour pomper sur son voisin.

Bernard Pivot. *Le Journal du Dimanche*, 27 novembre 2016.

1. Comment Bernard Cerquiglini appelle-t-il le vocabulaire de la francophonie ?

a. ❑ Le français de référence.

b. ❑ Le français augmenté.

c. ❑ Le français de la rue.

d. ❑ Le français venu d'ailleurs.

2. Le livre de Bernard Cerquiglini s'appelle...

a. ❑ Locutions et expressions des pays francophones

b. ❑ La vie de la langue française

c. ❑ Enrichissez-vous ! Parlez francophone !

d. ❑ Le français, notre bien commun

3. « Mémérer » s'emploie...

a. ❑ en Côte d'Ivoire.

b. ❑ au Québec.

c. ❑ en Afrique de l'Ouest.

d. ❑ en Belgique.

4. Il faut admirer...

a. ❑ l'inventivité des Belges.

b. ❑ l'inventivité des Québécois.

c. ❑ l'inventivité des Guinéens.

d. ❑ l'inventivité des Congolais.

5. Deuxième bureau appartient...

a. ❑ au langage des services secrets.

b. ❑ au langage administratif.

c. ❑ à la verve populaire sur le sexe.

d. ❑ au langage de la cuisine.

6. Bernard Cerquiglini insiste sur...

a. ❑ l'abondante création de verbes.

b. ❑ la quantité des mots-valises.

c. ❑ l'importance des dérives de sens.

d. ❑ l'adjonction des suffixes.

PRODUCTION ORALE

Vous dégagerez le problème soulevé par le document ci-dessous. Vous présenterez votre opinion sur le sujet de façon argumentée.

Il faut suivre l'exemple des Québécois et franciser notre environnement linguistique. Nous vivons désormais cernés de termes anglais qui désignent les lieux où l'on mange, comme *Kentucky Fried Chicken*, les objets avec lesquels on communique, *smartphone* ou les sports que l'on pratique, *wakeboard*… Dès lors, doit-on préférer courriel à mail ? Doit-on imposer la langue via un dictionnaire ?...

PRODUCTION ÉCRITE

Parlez-vous plusieurs langues ? Partagez-vous plusieurs cultures ?

Exposez dans un texte argumenté de 250 mots environ les avantages du plurilinguisme.

Vocabulaire

1. Apprenez le vocabulaire.

Misère (n.f.)	....	Tromper (v.)	....
Dur (n. m.)	....	Draguer (v.)	....
Prêtre (n. m.)	....	Fiancer (se) (v.)	....
Paroissien (n. m.)	....	Quereller (se) (v.)	....
Curiosité (n. f.)	....	Pacser (se) (v.)	....
Provocation (n. f.)	....	Engueuler (s') (v.)	....
Conjoint (n. m.)	....	Reprocher (v.)	....
Tort (n. m.)	....	Séduisant (adj.)	....
Déstabiliser (v.)	....	Séducteur (adj.)	....
Guérir (v.)	....	Communiste (adj.)	....
Résister (v.)	....	Athée (adj.)	....

 2. Vérifiez la compréhension du document *L'amour, plus fort que tout* (Livre de l'élève, p. 34). Pour chaque film, retrouvez les informations suivantes.

	Chez Nous	*La Confession*	*De plus Belle*
Personnages			
Moment de l'action			
Lieu de l'action			
Sujet du film			
Nature du conflit			

3. Vérifiez la compréhension du *Forum couple* (Livre de l'élève, p. 35).

a. Retrouvez...

1. qui tombe amoureuse ? → ....

2. qui se sent dépossédée ? → ....

3. Qui veut divorcer ? → ....

b. Donnez la raison de chacun de ces comportements.

....

4. FORMER DES EXPRESSIONS. Associez.

a. Tomber

b. Se sentir

c. Susciter

d. Se laisser

e. Faire

f. Décider de

1. amoureux.

2. l'intérêt.

3. déstabiliser.

4. heureux.

5. vivre ensemble.

6. connaissance.

5. Utilisez les verbes de sentiments de la liste dans des emplois imagés.

épouser ; rompre ; résister ; persuader ; divorcer ; attirer

a. Ce pays ne m'.. pas.

b. Il sait .... aux propositions en apparence séduisantes.

c. Aucun argument n'aurait pu le .... de renoncer à son projet.

d. Il veut .... avec les mauvaises habitudes de gestion financière.

e. Son engagement est très fort depuis qu'il a .... cette cause.

f. Les deux pays qui ne s'entendaient plus ont décidé de ....

Grammaire

1. EXPRIMER LA CONCESSION. **Associez les phrases en utilisant les mots entre parenthèses.**

Compliqués, les sentiments...

a. Il n'est pas venu ; je ne lui en veux pas. (*Bien que*)

→ ....

b. Il lui fait des cadeaux ; elle reste indifférente. (*avoir beau*)

→ ....

c. Ils se sont finalement mariés ; ils ne sont pas heureux ensemble. (*il n'en reste pas moins que*)

→ ....

d. Il ne l'appelle pas souvent ; il l'adore. (*Même si*)

→ ....

e. Elle est belle ; les garçons ne la regardent pas. (*Toute... que*)

→ ....

f. Il est très disponible ; elle en veut toujours plus. (*Malgré*)

→ ....

2. EXPRIMER LA CONDITION. **Approuvez comme dans l'exemple avec** *à condition que*.

Projets

a. On partira en vacances si les travaux sont terminés.

→ **On partira en vacances à condition que les travaux soient terminés.**

b. On ira au cinéma s'il fait mauvais temps.

→ ....

c. On se pacsera si tu as ton visa.

→ ....

d. On achètera cet appartement si on obtient un crédit.

→ ....

e. On fera la fête si tu réussis ce concours.

→ ....

f. On louera une maison au bord de la mer si tu peux te libérer.

→ ....

3. **Exprimez la restriction ou la dépendance à l'aide des mots entre parenthèses.**

Ils vont signer le contrat...

a. peut-être qu'ils ne parviendront pas à se mettre d'accord. (*sauf si*) → **sauf s'ils ne parviennent pas à se mettre d'accord.**

b. un partenaire fera peut-être valoir de sérieuses objections. (*à moins que*)

→ ....

c. tous les partenaires seront peut-être présents à cette date. (*seulement si*)

→ ....

d. si chacun est disponible. (*en fonction de*) → ....

e. des partenaires remettront peut-être en cause certains paragraphes. (*à moins que*)

→ ....

f. les règles du jeu ne seront peut-être pas respectées. (*sauf si*)

→ ....

Oral

 1. TRAVAILLEZ VOS AUTOMATISMES. Transformez comme dans l'exemple.
N° 5 *Étonnement*

a. Il n'aime pas marcher. Il va se promener tous les jours.

→ **Bien qu'il n'aime pas marcher, il va se promener tous les jours.**

b. Elle fait un régime. Elle ne maigrit pas.

→ ....

c. Il est curieux des cultures étrangères. Il ne voyage jamais.

→ ....

d. Elle dort beaucoup. Elle a du mal à se réveiller.

→ ....

e. Il part en avance. Il est toujours en retard.

→ ....

f. Il n'obtient pas beaucoup de résultats. Il est très apprécié.

→ ....

 2. EXPRIMER DES CONDITIONS. Approuvez comme dans l'exemple.
N° 6 **a.** – On pourra partir si on a fini le travail ?

→ **Oui, à condition que le travail soit fini.**

b. – On ira à la fête de la musique s'il fait beau ?

→ ....

c. – On fera du sport si tu es forme ?

→ ....

d. – On regardera le DVD si tu as le temps ?

→ ....

e. – On sortira si elle vient ?

→ ....

f. – On l'invite si elle veut bien ?

→ ....

3. Écoutez le micro-trottoir et faites les activités.
N° 7 **a. Pour chaque intervention du micro-trottoir, complétez le tableau.**

	Homme 1	Femme 1	Homme 2	Femme 2	Homme 3	Femme 3
Âge de l'intervenant						
Lieu de la rencontre						
Information sur la personne rencontrée (âge, profession, etc.)						
Autres circonstances						
Suite de la rencontre						

b. Donnez un titre à chaque récit.

1. Homme 1 : ....

2. Femme 1 : ....

3. Homme 2 : ....

4. Femme 2 : ....

5. Homme 3 : ....

6. Femme 3 : ....

Vocabulaire

1. Apprenez le vocabulaire.

Statut (n. m.)	Réconcilier (se) (v.) ....
Générosité (n. f.)	Coacher (v.) ....
Comportement (n. m.)	Identitaire (adj.) ....
Contrition (n. f.)	Migratoire (adj.) ....
Positionner (se) (v.)	Désemparé (adj.) ....
Englober (v.)	Défigurer (v.) ....
Transmettre (v.)	Brutal (adj.) ....
Aplanir (v.)	Sauvage (adj.) ....
Envenimer (v.)	Décalé (adj.) ....
Dégonfler (v.)	Maladroit (adj.) ....

2. Vérifiez la compréhension du document audio *Les enfants de couples mixtes* (Livre de l'élève, p. 36). Cochez la bonne réponse.

a. L'adolescence, c'est le moment...
 ❒ **1.** du questionnement sexuel.
 ❒ **2.** du questionnement identitaire.

b. Ce qui compte, c'est...
 ❒ **1.** le regard de la famille.
 ❒ **2.** le regard des amis.

c. L'adolescent a envie d'être reconnu...
 ❒ **1.** comme un individu à part entière.
 ❒ **2.** comme l'enfant de ses parents.

d. Il y a un problème quand...
 ❒ **1.** on demande à l'enfant de choisir.
 ❒ **2.** les parents choisissent à la place de l'enfant.

e. Il y a une autre manière de choisir entre ses identités...
 ❒ **1.** en se définissant par l'une des identités qui me constituent.
 ❒ **2.** en se définissant par une identité qui englobe tout ou par des identités particulières.

f. La culture du pays de vie est déterminante...
 ❒ **1.** si les parents ne font pas le choix de transmettre celle de l'autre pays.
 ❒ **2.** si les parents ont fait un choix de rupture.

3. Vérifiez la compréhension de l'extrait de la pièce de Yasmina Reza (Livre de l'élève, p. 37) : *Après la dispute des enfants.* Dites si ces affirmations sont vraies ou fausses.

	VRAI	FAUX
a. Les parents de Ferdinand (Annette et Alain) tentent d'aplanir la situation.	❒	❒
b. Les parents de Bruno (Michel et Véronique) accusent Ferdinand d'avoir eu un comportement brutal.	❒	❒
c. Véronique accuse Ferdinand d'avoir défiguré Bruno.	❒	❒
d. Alain ne conteste pas la réalité des faits.	❒	❒
e. Alain et Annette ne sont pas d'accord de laisser les deux enfants s'expliquer entre eux.	❒	❒
f. Alain doute que son fils Ferdinand accepte la confrontation.	❒	❒

4. CARACTÉRISER. Complétez avec un adjectif synonyme.

a. désemparé → Il ne sait plus où il en est face à cette situation, il est ....

b. décalé → Il est très .... par rapport à l'opinion dominante dans son parti.

c. maladroit → Elle dit toujours ce qu'il ne faut pas dire, elle est ....

d. sauvage → La société et lui, ce n'est pas vraiment une histoire d'amour... Il est ....

e. indépendant → Elle n'aime pas les contraintes, elle est .... dans ses choix.

f. sensible → il faut faire très attention à ce que l'on dit ; il est très ....

5. Sur quel ton parlent-ils quand ils disent... ? Complétez.

réaliste ; aimable ; compréhensif ; direct ; emporté ; poli

a. Bien sûr, je comprends tout à fait vos arguments ; soyez sûr que j'en tiendrai compte. → ....

b. Ça sera comme ça et pas autrement ! → ....

c. Il va falloir que je vous le répète combien de fois ? Je vous préviens... ou vous acceptez ou c'est la porte ! → ....

d. Ça me fait très plaisir que vous soyez venus... depuis le temps... → ....

e. Si ça ne vous dérange pas et si vous m'y autorisez, nous procéderons de la manière suivante. → ....

f. Franchement, c'est le meilleur accord pour tous. Vous devriez l'accepter. → ....

6. Trouvez le contraire de chacun des adjectifs proposés et complétez.

a. compréhensif ≠ Une personnalité ....

b. direct ≠ Une attaque ....

c. emporté ≠ Elle a un caractère plutôt ....

d. aimable ≠ Il emploie souvent un ton ....

e. poli ≠ Jamais il ne dit bonjour ni merci ; il est très ....

f. réaliste ≠ Elle semble toujours ailleurs ; c'est une personnalité ....

7. Complétez avec un verbe de la liste.

envenimer ; accuser ; clarifier ; réaliser ; aplanir ; exclure

a. .... les difficultés.

b. .... une situation déjà compliquée.

c. .... de son propos.

d. .... sa position.

e. .... son erreur.

f. .... sans preuves.

Écrit et civilisation

1. Lisez le texte. Faites les activités.

Mariés au premier regard : « C'est M6 qui paie le divorce ! »

L'émission *Mariés au premier regard*, diffusée sur M6, fait couler beaucoup d'encre depuis deux semaines. Le programme, présenté comme une expérience sociale, a pour concept de marier des célibataires qui ne se connaissent pas en s'appuyant sur les analyses de trois experts. Au-delà de 70 % de taux de compatibilité, Catherine Solano, médecin sexologue et andrologue, Pascal de Sutter, docteur en psychologie, et Stéphane Edouard, sociologue de couple, proposent à des candidats de se dire oui, face au maire, sans s'être jamais au préalable rencontrés.

Alors que certains accusent l'émission de ne pas respecter l'institution du mariage, Yves Vidal, maire de la ville de Grans qui a célébré les unions de *Mariés au premier regard*, se rebiffe. « *Ça fait quarante ans que je fais des mariages et j'applique la loi. Je suis un officier d'état civil, je ne suis pas là pour savoir s'ils s'aiment ou pas* », clame monsieur le maire dans les colonnes du magazine *Télé Star*.

L'homme politique qui s'est « *assuré que tout était légal* » avant de se lancer dans cette aventure ne se laisse donc

pas déstabiliser par les critiques. « *Qu'est-ce que j'ai fait d'illégal ? Sur les mariages célébrés, j'ai procédé de la même manière, des bans aux documents... J'ai été plus prudent pour cette émission que pour les autres mariages. Je me suis renseigné, j'ai vu des juristes. Ils sont tous vraiment mariés, et s'ils veulent divorcer, ils vont au tribunal* », poursuit-il. Si les époux de M6 qui désirent se séparer doivent donc le faire en bonne et due forme, c'est-à-dire face à un juge, la chaîne leur donne un petit coup de pouce en soutenant financièrement ses cobayes. « *Dans le contrat, il est noté que c'est M6 qui paie le divorce* », révèle Yves Vidal. Un geste certainement apprécié par les mariés au premier regard qui ont été déçus de voir leur conte de fées se terminer en cauchemar.

À ce stade, l'expérience ne s'est pas avérée concluante en France – avec 87 % de compatibilité, Thomas et Tiffany se sont mariés mais la jolie brune est aujourd'hui en couple avec un autre candidat du programme, Justin. Mais aux États-Unis, *Mariés au premier regard* a été un succès pour Jamie Otis et Doug Hehner qui se sont dit oui il y a deux ans et filent toujours le parfait amour.

Leur rencontre lors de la cérémonie avait pourtant tourné au fiasco. « *En avançant vers lui, j'ai eu envie de vomir. Il ne me plaisait pas du tout ! J'étais certaine d'avoir pris la pire décision de ma vie !* », a déclaré Jamie, des propos repris par le magazine *Closer*. [...] C'est finalement avec le temps que Jamie et son mari se sont rendu compte qu'ils étaient faits pour vieillir ensemble. « *On s'entendait bien, alors on a décidé de se laisser une chance et de rester mariés au bout des six semaines, mais il m'a fallu longtemps avant de réaliser que j'avais trouvé un vrai mari... et une âme sœur. Au début, c'était l'inverse du conte de fées que j'espérais, mais j'ai finalement eu mon happy end* », a confié Jamie.

www.purepeople.com, 21 novembre 2016.

a. Quel est le principe de l'émission ?

....

b. Qui sont les experts ?

....

c. Le maire de Grans...

	VRAI	FAUX
1. est d'accord avec le principe de l'émission.	❑	❑
2. ne se soucie pas du principe mais applique la loi.	❑	❑
3. estime qu'il n'a rien fait d'illégal.	❑	❑
4. ne s'est pas suffisamment entouré d'avis autorisés.	❑	❑

d. Quel engagement a pris la chaîne de télévision M6 vis-à-vis des participants au programme ?

....

e. 87 % : À quoi correspond ce chiffre ? ....

f. Comparez les destins de Thomas et Tiffany et de Jamie Otis et Doug Hehner.

....

Vocabulaire

1. Apprenez le vocabulaire.

Rite (n. m.) ....
Messe (n. f.) ....
Baptême (n. m.) ....
Engagement (n. m.) ....
Foi (n. f.) ....
Cordon (n. m.) ....
Liane (n. f.) ....
Fracture (n. f.) ....
Virilité (n. f.) ....
Don (n. m.) ....
Cérémonie (n. f.) ....
Registre (n. m.) ....
État civil (n. m.) ....
Tirelire (n. f.) ....

Chalet (n. m.) ....
Télésiège (n. m.) ....
Tradition (n. f.) ....
Célébrer (v.) ....
Apprécier (v.) ....
Symboliser (v.) ....
Fracasser (se) (v.) ....
Estimer (v.) ....
Imposer (s') (v.) ....
En avoir marre ....
Insulaire (adj.) ....
Mature (adj.) ....
Participatif (adj.) ....

2. Vérifiez la compréhension du document *Quelques rites de passage dans le monde* (Livre de l'élève, p. 38).
Classez les informations.

	Amérique hispanophone	Vanuatu	Japon
Nom du rituel			
Âge de passage			
Nature du rite			
Particularités			

3. Vérifiez la compréhension du document audio (Livre de l'élève, exercice 2, p. 39).
Notez les informations suivantes.

a. Nom des protagonistes : ....

b. Lieux de résidence : ....

c. Professions : ....

d. Nature du projet : ....

e. Lieu choisi : ....

f. Qui va officier et où ? ....

g. Nombre attendu de participants : ....

h. Mode de financement envisagé : ....

4. Relevez, dans le document *Quelques rites de passage dans le monde*, tout le vocabulaire qui a un lien avec la célébration.

célèbrent ; ....

....

5. Complétez le tableau des étapes de la vie avec les verbes de la liste.

il se marie ; il sait lire et écrire ; il est dans la force de l'âge ; il passe son bac ; il est idéaliste ; il a ses premiers doutes ; il entre à l'école; il a de nombreux flirts ; il s'occupe surtout de sa santé ; il fait partie d'une bande de copains ; il commence à se poser des questions ; il fait des études ; il vit son premier amour ; il s'installe dans la vie ; il fait beaucoup la fête ; il a le temps de penser à lui

Petite enfance : ....

Adolescence : ....

Jeunesse : ....

Âge adulte : ....

Troisième âge : ....

6. Trouvez le substantif et complétez.

a. valoriser → .... de l'expérience.

b. consolider → .... des résultats.

c. fêter → Ça va être ta .... !

d. célébrer → .... de notre réussite.

e. symboliser → ....de l'idée au moyen d'un schéma.

f. transgresser → ....des valeurs.

7. Associez les mots aux définitions.

a. engagement
b. vœu
c. rite
d. don
e. tradition

1. Cérémonie en usage dans une religion.
2. Action de se lier par une promesse.
3. Manière de penser, d'agir liée au passé.
4. Souhait de l'accomplissement d'une chose.
5. Action d'abandonner gratuitement quelque chose à quelqu'un.

Grammaire

1. Exprimer l'obligation. **Reformulez de différentes manières la phrase suivante :**

Je dois réussir mon examen.

a. (*il faut*) ....

b. (*être obligé de*) ....

c. (*cela ne se fait pas*) ....

d. (*il est nécessaire*) ....

e. (*normalement*) ....

2. Exprimer l'obligation ou la nécessité. Reformulez en utilisant l'expression entre parenthèses.

a. Le travail doit être achevé à la fin du mois. (*il faut que*)

→ ....

b. La décoration doit être livrée avant la fin des travaux. (*être impératif*)

→ ....

c. Le fournisseur doit nous donner les dates de livraison une semaine avant. (*être censé*)

→ ....

d. Nous devons vérifier toutes les demandes du client. (*être essentiel*)

→ ....

e. Tu dois être présent au rendez-vous. (*être nécessaire*)

→ ....

f. Tu dois prendre tes responsabilités. (*il faut que*)

→ ....

Oral

N° 8

1. Exprimez l'obligation : transformez comme dans l'exemple.

a. – Fais ce voyage, c'est pour toi.
   → **Il faut que tu fasses ce voyage.**

b. – Lis ce texte, tu vas être d'accord avec tout.

→ ....

c. – Prends cette paire de lunettes, elle te va vraiment bien.

→ ....

d. – Va voir ce film, c'est magique !

→ ....

e. – Dis à tout le monde d'aller voir l'exposition, elle est de toute beauté.

→ ....

f. – Mets cette robe, elle est parfaite.

→ ....

N° 9

2. Exprimez la nécessité comme dans l'exemple.

a. Présence nécessaire
   Il est nécessaire d'être présent.

b. Réponse obligatoire

→ ....

c. Confirmation impérative de sa présence

→ ....

d. Consultation indispensable du site

→ ....

e. Réservation conseillée

→ ....

f. Victoire essentielle

→ ....

Vocabulaire

1. Apprenez le vocabulaire.

Garde (n. f.)	Rénover (v.) ....
Individu (n. m.)	Primordial (adj.) ....
Régime (n. m.)	Court-circuité (adj.) ....
Divorce (n. m.)	Convivial (adj.) ....
Consister (v.)	Prenant (adj.) ....
Résulter (v.)	Hétérosexuel (adj.) ....
Adopter (v.)	Homosexuel (adj.) ....

2. Vérifiez la compréhension de la séquence vidéo (Livre de l'élève p. 40). Visionnez et complétez.

a. On profite de la vie de province. On a ....

b. Dans cette maison, nous vivons à ....

c. Même si ce sont des demi-frères, des demi-sœurs, ...

d. Le repas de famille est ....

e. Sur les tâches ménagères, ...

f. C'est vrai que la vie avec les enfants ....

g. Tous les ans ....

3. Vérifiez la compréhension de la scène du film *L'économie du couple*. Classez les arguments.

	Marie	Boris
Rapport à la maison		
Rapport à l'argent		
Rapport au travail		
Rapport au sentiment de propriété		

4. Relevez, dans la scène de *L'économie du couple*, tous les mots qui ont trait à l'économie.

économie, acheté, ...

....

....

5. CARACTÉRISER. Complétez avec un mot de la liste.

décision ; répartition ; emploi de temps ; position ; rôle ; atmosphère

a. .... conviviale.

b. .... primordial.

c. .... importante.

d. .... prenant.

e. .... partagée.

f. .... inégale.

6. **Rédigez des titres avec les mots de la liste et précisez le domaine d'emploi.**

séparation ; adoption ; couple ; union ; mariage ; divorce

a. Mariage de deux géants de l'industrie → **économie**

b. .... entre les deux alliés politiques d'hier → ....

c. .... franco-allemand conforté → ....

d. .... d'une position commune → ....

e. .... de l'Église et de l'État → ....

f. .... des droites réussie → ....

Oral

1. Écoutez le reportage. Répondez aux questions.

N° 10 **a. Où se passe la scène ?**

....

b. Qui sont les quatre protagonistes ?

....

c. Qu'ont-ils de particulier ?

....

d. Comment s'appelle la communauté ? Quel est son objectif ?

....

e. Quel est l'intérêt de cette initiative ?

1. Pour Béatrice : ....

2. Pour Joseph : ....

2. Travaillez les automatismes. Répondez affirmativement comme dans l'exemple.

N° 11 **a.** – Tu lis le résumé de la pièce ?

→ **Oui, je le lis.**

b. – Vous allez au théâtre ?

→ ....

c. – Vous voulez un programme ?

→ ....

d. – Tu aimes cette actrice ?

→ ....

e. – Tu trouves la pièce intéressante ?

→ ....

f. – Il y a eu beaucoup d'applaudissements ?

→ ....

3. Travaillez les automatismes. Répondez négativement comme dans l'exemple.

N° 12 **a.** – Tu connais le metteur en scène ?

→ **Non, je ne le connais pas.**

b. – Tu as vu d'autres pièces de l'auteur ?

→ ....

c. – Tu vas souvent au théâtre ?

→ ....

d. – Tu accompagnes ton amie ?

→ ....

e. – Tu lis les critiques avant de choisir la pièce ?

→ ....

f. – Tu regardes les avis sur Internet ?

→ ....

Écrit et civilisation

1. **Lisez le texte de la chanson** *Famille Décomposée* **puis relevez tous les mots qui sont porteurs de l'idée de séparation.**

Famille Décomposée

(Amel Bent)

Le linge est plié
Une valise est sortie
Je crois qu'on va partir
Hier ils criaient, moi j'étais dans mon lit
Je crois qu'on va partir
Et si ils ne s'aimaient plus

Que seraient nos vies, quels seraient nos liens
Si on avait pris, le même train
Je passe les nuits, dans mon chagrin
À refaire nos vies, jusqu'au matin

J'avais espéré qu'ils se comprennent
Et qu'on puisse revenir
Sont passés des jours et des semaines
Sans qu'il ne me voie grandir
Et s'il ne m'aimait plus

Que seraient nos vies, quels seraient nos liens
Si on avait pris, le même train
Je passe les nuits, dans mon chagrin
À refaire nos vies, jusqu'au matin (x2)

....

....

Vocabulaire

1. Apprenez le vocabulaire.

Posture (n. f.) ....

Addiction (n. f.) ....

Châtiment (n. m.) ....

Thérapeute (n. m.) ....

Foyer (n. m.) ....

Mouler (se) (v.) ....

Refouler (v.) ....

Inciter (v.) ....

Ériger (v.) ....

Monopoliser (v.) ....

Abolir (v.) ....

Moquer (se) (v.) ....

Plaider (v.) ....

Incarner (v.) ....

Insurger (s') (v.) ....

Décréter (v.) ....

Libertaire (adj.) ....

Irréductible (adj.) ....

Rebelle (adj.) ....

Permissive (adj.) ....

Séparateur (adj.) ....

Indigne (adj.) ....

Récidiviste (adj.) ....

Maltraitant (adj.) ....

2. Vérifiez la compréhension du document _L'éducation libertaire_ (Livre de l'élève, p. 43). Lisez et dites si ces affirmations sont vraies ou fausses.

	VRAI	FAUX
a. Nous n'avons rien à imposer aux enfants.	❑	❑
b. Il faut féliciter un enfant qui a de bonnes notes.	❑	❑
c. Il faut inciter l'enfant à parler, communiquer.	❑	❑
d. La période de l'adolescence est valorisée socialement et médiatiquement.	❑	❑
e. L'expérimentation et la transgression sont devenues importantes dans une société permissive.	❑	❑

3. Vérifiez la compréhension du document _Pour une éducation autoritaire_ (Livre de l'élève, p. 43). À propos de quoi Valtério parle-t-il de...

a. abolir les différences entre pères et mères → ....

b. refoulez-le, il reviendra en hurlant → ....

c. qu'il lève les yeux sur son père → ....

d. soumis à un vrai tribunal stalinien de thérapeutes et d'éducateurs → ....

e. le violent est multirécidiviste → ....

f. la jeune fille a refusé de le revoir → ....

4. Complétez les expressions avec un verbe de la liste.

refouler ; décréter ; inciter ; s'insurger ; plaider ; imposer

a. .... son point de vue.

b. .... contre des idées toutes faites.

c. .... son bon droit.

d. .... à la désobéissance.

e. .... son désir.

f. .... son renvoi.

5. Trouvez le contraire et complétez.

a. agressif ≠ Une attitude ....

b. timide ≠ Une personnalité ....

c. méchant ≠ Un esprit ....

d. rebelle ≠ Un comportement ....

e. menteur ≠ Un caractère ....

f. destructeur ≠ Un rôle ....

6. Qu'est-ce qu'ils font quand ils disent... ? Associez.

a. Laissez-moi parler.

b. Tu pourrais mieux nous parler quand même...

c. Ferme-la !

d. Vous n'avez qu'à le faire vous-mêmes !

e. T'es devenu muet !

f. Tu pourrais faire attention où tu mets les pieds !

1. Il/Elle reproche de ne pas respecter les choses.

2. Il/Elle monopolise la parole.

3. Il/Elle refuse de participer à des tâches collectives.

4. Il/Elle sollicite une réponse.

5. Il/Elle demande de se taire.

6. Il/Elle lui reproche son comportement.

COMPRÉHENSION DE L'ORAL

N° 13   Écoutez l'interview puis répondez aux questions.

1. Quel est l'objectif de l'ouvrage ?

....

2. Pourquoi Lausanne est-elle une ville fascinante d'un point de vue littéraire ?

....

3. Quels sont les lieux qui ont été recensés pour structurer l'ouvrage ?

....

4. Dites si les lieux correspondent à l'écrivain mentionné.

	VRAI	FAUX
a. Jacques Chessex appelle le pont Charles-Bessière, le « pont des suicidés ».	☐	☐
b. Simenon a terminé sa vie avenue de Cour.	☐	☐
c. Marguerite Yourcenar et Hemingway ont résidé au *Beau-Rivage Palace*.	☐	☐
d. L'*Hôtel de la Paix* a accueilli Rilke et Gide.	☐	☐

COMPRÉHENSION DES ÉCRITS

Lisez le texte. Répondez aux questions.

Le stéréotype de la femme au foyer a encore la vie dure

Il perd du terrain, mais le cliché de la femme au foyer persiste encore. À l'occasion de la Journée des droits des femmes, l'Insee a fait le point sur les retards et les progressions dans le domaine de l'égalité entre les femmes et les hommes dans une somme de publications qui couvrent les différentes étapes de la vie. « *Globalement, la situation des femmes s'est améliorée au cours de ces dernières années, en particulier sur le marché du travail,* constate cependant Laurence Rioux, responsable de la division des études sociales de l'INSEE. *Elles sont désormais moins au chômage que les hommes et les taux d'activité se sont rapprochés. Aujourd'hui, 68 % des femmes de 15 à 64 ans participent au marché du travail contre 76 % des hommes. Soit un écart de 8 points contre 31 points il y a quarante ans en 1975.* »

Ce chemin parcouru a-t-il bouleversé les mentalités ? Le modèle de la « femme au foyer » perdure pour environ une personne sur cinq (22 %), relève Adrien Papuchon, chercheur à la Drees, dans son étude sur les rôles sociaux des femmes et des hommes qui s'appuie sur des enquêtes récentes. [...] En outre, l'idée de l'égalité entre les compétences des femmes et des hommes s'impose. Ainsi, 87 % des personnes interrogées considèrent que les femmes ont autant l'esprit scientifique que les hommes. Autre exemple, trois personnes sur quatre ne souscrivent pas au cliché selon lequel les hommes auraient plus d'autorité que les femmes. Enfin, huit personnes sur dix indiquent qu'ils feraient autant confiance à un homme qu'à une femme pour s'occuper d'enfants à la crèche.

Malgré cette vision plus égalitaire des compétences, « *l'idée d'une vocation parentale des femmes persiste* », souligne le chercheur, tout comme celle que les mères répondent mieux aux besoins des enfants que les pères. Une idée plus répandue chez les hommes que chez les femmes. Cette vision se reflète sur le marché du travail, où les mères sont plus de huit fois, plus souvent à temps partiel que les hommes, près de la moitié d'entre eux, déclarant l'être pour s'occuper de leurs enfants.

Cette vision de la répartition des rôles entre femmes et hommes suffit-elle à expliquer les différences salariales qui peinent à diminuer ? « *En 1995, sur l'ensemble d'une année, les femmes gagnaient 27 % de moins que les hommes contre 24 % en 2014. L'écart de revenu salarial, – qui prend en compte le salaire horaire et le volume du travail, n'a baissé que de trois points en quasiment 20 ans* », relève Laurence Rioux. À équivalent temps plein, cet écart entre le salaire des femmes et des hommes se réduit cependant à 17 %. Au-delà des différences d'âge, de diplôme ou de type d'emploi occupé, une partie de cette différence « *peut être le reflet des pratiques de discrimination en défaveur des femmes* », pointe Laurence Rioux.

Les chiffres concernant les étudiants et les générations fraîchement arrivées sur le marché de l'emploi laissent cependant présager une nouvelle progression vers l'égalité. En 2013, autant de jeunes femmes (20 %) que de jeunes hommes sont devenus cadres, trois ans après la fin de leurs études. Sur 100 jeunes cadres, on comptait 49 femmes en 2013 contre 41 en 2001. « *Une grande première dans l'histoire de l'insertion professionnelle des jeunes* », souligne Arnaud Dupray, chargé d'études au Céreq (centre d'études et de recherches sur les qualifications). Cette répartition plus égalitaire des postes s'explique notamment par les avancées législatives en faveur de l'égalité homme-femme dans la vie professionnelle et la présence accrue des jeunes femmes dans l'enseignement supérieur. Les étudiantes (55 %) sont désormais plus nombreuses que les étudiants et les femmes des générations récentes, plus diplômées que les hommes. […]

Le Monde, mars 2017, Agnès Leclair.

1. Quel constat global fait Laurence Rioux sur les retards et les progressions dans le domaine de l'égalité entre les femmes et les hommes ?

....

2. Que signifient ces pourcentages ?

a. 68 % / 76 % : ....

b. 22 % : ....

c. 87 % : ....

d. 27 % / 24 % : ....

e. 20 % : ....

f. 55 % : ....

3. Qu'entend-on par « vocation parentale des femmes » ?

....

4. Dites si ces affirmations ou clichés sont vrais ou faux.

	VRAI	FAUX
a. Les hommes ont plus d'autorité que les femmes.	☐	☐
b. Les femmes sont plus aptes que les hommes à s'occuper des enfants à la crèche.	☐	☐
c. Les mères répondent mieux aux besoins des enfants que les pères.	☐	☐
d. Les femmes travaillent plus souvent à temps partiel pour s'occuper des enfants.	☐	☐

5. Qu'est-ce qui constitue une grande première dans l'histoire de l'insertion professionnelle des jeunes ?

....

PRODUCTION ORALE

Vous dégagerez le problème soulevé par le document ci-dessous. Vous présenterez votre opinion sur le sujet de façon argumentée.

Embauches : attention à la discrimination active… Pour toutes et tous : le réseau de connaissances ; les diplômes ; l'expérience professionnelle ; la gestuelle ; le goût vestimentaire ; la couleur de peau comme de cheveux, le handicap… Pour les femmes : le statut matrimonial ; les grossesses possibles ; le nombre et l'âge des enfants ; le recrutement d'une femme par une femme… Toutes ces discriminations qui relèvent de la pure subjectivité favorisent la compétition dans son aspect le plus négatif. Elles oublient la prise en compte de la compétence, de la valeur de l'individu, de l'expérience… Alors comment sélectionner un candidat plutôt qu'un autre ? Et la discrimination serait-elle un mal nécessaire ?…

PRODUCTION ÉCRITE

Il perd du terrain, mais le cliché de la femme au foyer persiste encore. Faites le point sur les retards et les progressions dans le domaine de l'égalité entre les femmes et les hommes dans votre pays et comparez avec la France.

Exposez votre point de vue dans un texte argumenté de 250 mots environ.

Vocabulaire

1. **Apprenez le vocabulaire.**

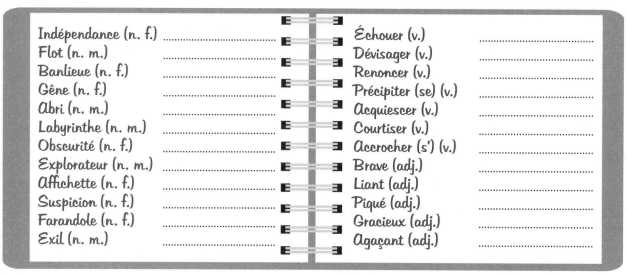

Indépendance (n. f.) ....
Flot (n. m.) ....
Banlieue (n. f.) ....
Gêne (n. f.) ....
Abri (n. m.) ....
Labyrinthe (n. m.) ....
Obscurité (n. f.) ....
Explorateur (n. m.) ....
Affichette (n. f.) ....
Suspicion (n. f.) ....
Farandole (n. f.) ....
Exil (n. m.) ....

Échouer (v.) ....
Dévisager (v.) ....
Renoncer (v.) ....
Précipiter (se) (v.) ....
Acquiescer (v.) ....
Courtiser (v.) ....
Accrocher (s') (v.) ....
Brave (adj.) ....
Liant (adj.) ....
Piqué (adj.) ....
Gracieux (adj.) ....
Agaçant (adj.) ....

2. **Vérifiez la compréhension de la nouvelle** *La fête de l'indépendance* **(Livre de l'élève, p. 48). Faites les activités.**

a. **Relevez les informations suivantes.**

1. Nom du héros : ....

2. Nom et nationalité de la jeune fille rencontrée : ....

3. Objet de la recherche : ....

4. Nom de son ami et nationalité : ....

5. Nom de la famille : ....

6. Événement fêté : ....

b. **Relevez les verbes qui traduisent l'activité de Stéphane pendant la fête.**

....

....

3. Caractériser psychologiquement une personne. **Complétez avec l'adjectif de la liste.**

malchanceux ; original ; solitaire ; sympathique ; curieux ; intelligent

a. Il est toujours à la recherche de quelque chose ; c'est un esprit ....

b. Elle sait très bien analyser une situation, anticiper... ; c'est une fille ....

c. Amours, vie professionnelle, tout ce qu'il entreprend ne marche pas ; il est ....

d. C'est un plaisir de la recevoir ; elle est extrêmement attentive aux autres ; elle est vraiment ....

e. Au cinéma, au restaurant, au café, on ne le voit jamais accompagné ; il est très ....

f. Elle n'est jamais là où on l'attend, c'est une fille ....

4. Caractériser une personne d'après ce qu'elle dit. **Associez.**

a. Est-ce que je peux vous aider ?

b. Ah bon... on est en retard ? Pas grave...

c. Je suis sûr que l'on s'est déjà vu quelque part... Vous venez souvent ici ?

d. N'hésitez pas à m'appeler... je ne réponds jamais !

e. Ce soir, c'est la fête ! Bonne humeur obligatoire à tous les étages, dans tous les yeux et sur toutes les lèvres !

f. Il est toujours content de vous voir ; il a toujours un mot gentil.

1. Il a le sens de l'humour.

2. Il est entreprenant.

3. Il est sympathique.

4. Il est décontracté.

5. Il est serviable.

6. Il est joyeux.

5. **Voici le verbe, trouvez le substantif puis complétez l'expression.**

a. hésiter → Marquer une ....

b. acquiescer → Faire un signe d'... .

c. renoncer → Annoncer son ....

d. consoler → Chercher une ....

e. s'excuser → Trouver une ....

f. sympathiser → Faire preuve de ....

Grammaire

1. **Complétez au passé simple ces phrases extraites de la rencontre avec le serpent dans *Le Petit Prince*, de Saint-Exupéry.**

a. Lorsque je (*revenir*) .... de mon travail, le lendemain soir, j' (*apercevoir*) .... de loin mon petit prince assis là-haut, les jambes pendantes. Et je l'(*entendre*) .... qui parlait... [...]

b. Une autre voix lui (*répondre*) .... sans doute, puisqu'il (*répliquer*) .... [...]

c. Je (*poursuivre*) .... ma marche vers le mur. [...]

d. Le petit prince (*dire*) .... encore après un silence... [...]

e. Je (*faire*) .... halte, le cœur serré... [...]

f. Alors j'(*abaisser*) .... moi-même les yeux vers le pied du mur et je (*faire*) .... un bond !

2. UTILISER LE PASSÉ ANTÉRIEUR. **Complétez avec les éléments entre parenthèses, comme dans l'exemple.**

a. (*quand / arriver*) **Quand** ils **furent arrivés** au sommet, ils firent halte pour contempler le paysage.

b. (*après que / partir*) .... leur mère ...., les enfants retournèrent jouer.

c. (*dès que / descendre*) .... elle .... de voiture, elle regretta de s'être arrêtée.

d. (*une fois que / comprendre*) Il refusa de la voir .... il .... sa manière d'être avec les gens.

e. (*lorsque / boire*) .... elle .... son café, elle sortit faire sa promenade.

f. (*aussitôt que / s'apercevoir*) .... il .... qu'elle avait disparu, il comprit que c'était fini.

3. **Voici une notice sur le célèbre écrivain Albert Camus. Mettez les verbes au passé simple.**

Prix Nobel de littérature, écrivain mondialement reconnu, Camus (*mourir*) .... en 1960. C'est à l'hôpital, malade de la tuberculose, qu'il (*découvrir*) .... sa vocation d'écrivain.

Il (*commencer*) .... sa carrière comme directeur d'une troupe de théâtre. En 1939, il (*devenir*) .... journaliste pour le journal *Alger Républicain*.

C'est en 1942 que les éditions Gallimard (*publier*) .... *L'Étranger* qui (*connaître*) .... un succès mondial avec *La Peste*, publiée en 1947.

Il (*recevoir*) .... le Prix Nobel de littérature en 1957 qu'il (*dédier*) .... à son instituteur, Louis Germain. C'est grâce à lui qu'il (*obtenir*) .... une bourse qui lui (*permettre*) .... de de faire des études.

Oral

1. Écoutez le micro-trottoir. Classez les informations.

N° 14

	Héros préféré	Pourquoi ?	Exemples et autres raisons
Femme 1			
Homme 1			
Femme 2			
Homme 2			
Femme 3			

Vocabulaire

1. Apprenez le vocabulaire.

Ragot (n. m.)	Piste (n. f.) ....
Flegme (n. m.)	Résistant (n. m.) ....
Commandant (n. m.)	Soupçonner (v.) ....
Commissaire (n. m.)	Influencer (v.) ....
Intuition (n. f.)	Assassiner (v.) ....
Criminologue (n. m.)	Imminent (adj.) ....
Hache (n. f.)	Extravagant (adj.) ....
Poitrine (n. f.)	

2. Vérifiez la compréhension du résumé de la fiction *Maigret chez les Flamands* (Livre de l'élève, p. 50). Dites si ces affirmations sont vraies ou fausses.

	VRAI	FAUX
a. Germaine Piedbœuf a disparu depuis 15 jours.	❒	❒
b. Germaine Piedbœuf est la fille de Joseph Peeters.	❒	❒
c. Joseph Peeters appartient à une famille de commerçants.	❒	❒
d. C'est Joseph Peeters qui a contacté le commissaire Maigret.	❒	❒
e. Quand le commissaire Maigret arrive, on découvre le corps de Germaine assassiné.	❒	❒

3. Vérifiez la compréhension du résumé de la fiction *Profilage : Réminiscences* (Livre de l'élève, p. 50). Choisissez la bonne option.

a. Pierre Vasseur a été trouvé assassiné...

❒ **1.** un couteau de boucher planté dans le dos.   ❒ **2.** un couteau de peintre planté dans la poitrine.

b. Le commandant Rocher...

❒ **1.** compte sur son équipe.   ❒ **2.** compte sur la psychologue et criminologue de son équipe.

c. La veille du meurtre, une femme...

❒ **1.** avait averti l'artiste d'un meurtre imminent.   ❒ **2.** avait contacté Chloé Saint-Laurent.

d. La femme affirme que...

❒ **1.** ce meurtre est semblable à un autre meurtre qui a eu lieu 60 ans avant.   ❒ **2.** ce meurtre aurait pu être évité.

e. La police...

❒ **1.** écarte la piste.   ❒ **2.** croit que les deux meurtres sont liés.

4. Lisez les deux résumés. Relevez tous les mots qui font partie du vocabulaire lié au mot « enquête ».

Disparu, ...
....

5. FORMER DES EXPRESSIONS. Complétez avec un des verbes de la liste.

accuser ; mettre en garde ; découvrir ; soupçonner ; se méfier ; enquêter

a. .... une difficulté.

b. .... de lui comme de la peste.

c. .... des pires méfaits.

d. .... sur ses origines.

e. .... ses intentions.

f. .... contre des pratiques douteuses.

6. Complétez le récit. Utilisez les expressions de temps : *à un moment... ; à ce moment-là... ; puis... ; peu après... ; tout à coup... ; enfin... ; alors.*

Hugo débarque en Afrique où il a vécu quelques années auparavant.

Lorsqu'il est sorti de l'aéroport, Hugo a vraiment compris qu'il était arrivé. .... tout lui est revenu : la lumière, les couleurs, les bruits, les odeurs… .... il est monté sur la moto de Moussa qui était venu l'attendre et ça n'a été que coups de klaxon, accélérations brutales, sur place, femmes surchargées de paquets qu'on évite par miracle… .... il a vraiment cru que c'était à nouveau l'accident mais l'Afrique est pleine de ces miracles… .... ils étaient dans la cour de la maison où il avait passé trois années. Rien n'avait changé. Surprise ! .... ses amis sont apparus pour fêter son arrivée. .... les femmes ont apporté de quoi se rafraîchir. .... ses amis ont commencé à jouer de la musique en souvenir des sessions qui duraient une partie de la nuit. .... ils l'ont invité à se mettre au djembe : en dépit de ses promesses, il n'y avait pas touché depuis qu'il était parti !

Grammaire

1. Exprimer l'antériorité, la postériorité et la simultanéité. **Associez les phrases en utilisant l'expression entre parenthèses comme dans l'exemple.**

Balade interrompue

a. Ils marchent pendant deux heures. Ils s'arrêtent au belvédère pour admirer le paysage. (*après + infinitif*)

→ **Après avoir marché pendant deux heures, ils se sont arrêtés au belvédère pour admirer le paysage.**

b. Ils repartent. Il se met à pleuvoir. (*dès que*)

→ ....

c. Il pleut. Ils en profitent pour déjeuner. (*pendant que*)

→ ....

d. Ils repèrent un petit refuge. Il commence à pleuvoir. (*avant que*)

→ ....

e. Il continue à pleuvoir. Ils se reposent. (*tandis que*)

→ ....

f. La pluie cesse. Ils peuvent reprendre la balade. (*après que*)

→ ....

2. Mettez le récit à l'imparfait.

Au bon vieux temps…

C'est bien connu, c'(*être*) .... mieux avant… Il n'y (*avoir*) .... pas toute cette pollution. Les gens (*prendre*) .... leur temps. Les enfants ne (*passer*) .... pas leur journée devant des écrans de télévision, d'ordinateur ou de smartphone. Au moins ils (*lire*) .... Et leurs résultats à l'école (*être*) .... meilleurs. On ne (*donner*) .... pas le baccalauréat comme aujourd'hui. Il (*falloir*) .... travailler pour l'avoir !

Et puis les gens (*se sentir*) .... plus solidaires les uns des autres. À la campagne, tout le monde (*se rendre*) .... des services. Ensemble, on (*faire*) .... face aux difficultés.

---

3. Mettez le texte suivant au passé composé et à l'imparfait.

Histoire de la cocarde tricolore

Avant 1789, la cocarde (*être*) **était** toute blanche. Les jours de fête, les militaires l'(*attacher*) .... au chapeau ou l' (*accrocher*) .... sur la poitrine.

Le 14 juillet 1789, la ville de Paris (*distribuer*) .... des cocardes aux couleurs de la ville : bleu et rouge.

Quand le roi (*venir*) .... à Paris, le 17 juillet 1789, La Fayette lui (*remettre*) .... la première cocarde tricolore bleu-blanc-rouge. Le bleu et le rouge (*représenter*) .... les couleurs de la ville et le blanc (*symboliser*) .... la monarchie. Cette nouvelle cocarde (*illustrer*) .... l'alliance du peuple et du roi.

Oral

1. Travaillez les automatismes. Transformez.

N° 15 **a.** Il donne une interview aux journalistes.

→ **Il leur donne une interview.**

b. Il demande un autographe au joueur de football.

→ ....

c. Elle raconte ses débuts à la stagiaire.

→ ....

d. Il fait faire les essais aux deux cascadeurs.

→ ....

e. Elle donne des conseils aux figurants.

→ ....

f. Il montre à l'acteur son costume.

→ ....

2. Travaillez les automatismes. Répondez négativement.

N° 16 **a.** – Il parle à ses collaborateurs ?

→ **Non, il ne leur parle pas.**

b. – Il fait tout faire aux stagiaires ?

→ ....

c. – Il demande de rester à sa secrétaire ?

→ ....

d. – Il conseille à sa collaboratrice de partir ?

→ ....

e. – Il propose à l'informaticien de trouver une solution ?

→ ....

f. – Il écrit aux assistants ?

→ ....

Vocabulaire

1. Apprenez le vocabulaire.

Contemplation (n. f.).............	Gratter (v.) ....
Effervescence (n. f.)	Attractif (adj.) ....
Enthousiasme (n. m.)	Irréfutable (adj.) ....
Mécène (n. m.)	Bousculé (adj.) ....
Compétition (n. f.)	Psychédélique (adj.) ....
Inventeur (n. m.)	Engagé (adj.) ....
Trajectoire (n. f.)	Croisé (adj.) ....
Interférence (n. f.)	Plastique (adj.) ....
Stockage (n. m.)	Dévolu (adj.) ....
Fresque (n. f.)	Customisé (adj.) ....
Touche à tout (n. m.)	Organique (adj.) ....
Lacérer (v.)	

2. Vérifiez la compréhension du document audio *La nuit aux musées* (Livre de l'élève, p. 52).

a. Associez des données à ces chiffres.

1. 2 millions : ....

2. 1 300 : ....

3. 21 000 : ....

4. 17 000 : ....

5. 14 000 : ....

6. 25 000 : ....

7. 5 000 : ....

8. 3 000 : ....

b. Quels événements se déroulent dans chaque musée ?

1. Musée de Mulhouse : ....

2. Musée d'Aquitaine, à Bordeaux : ....

3. Musée du Périgord : ....

c. Complétez ces appréciations.

1. Cette Nuit des Musées c'est quand même absolument génial ....

2. Ça fait avancer les gens ....

3. La nuit est là associée ....

4. Aller avec les enfants au musée, à partir du moment où c'est le soir ....

5. Une autre manière de ....

3. Vérifiez la compréhension. Lisez le compte-rendu de l'exposition « Matisse-Picasso » (Livre de l'élève, p. 53). Dites si ces affirmations sont vraies ou fausses.

	VRAI	FAUX
a. Les Stein sont les mécènes communs de Picasso et de Matisse.	☐	☐
b. Les recherches plastiques de Picasso portent sur la révolution « fauve » et celles de Matisse sur la révolution « cubiste ».	☐	☐
c. Picasso travaille en Catalogne et Matisse sur la Riviera française.	☐	☐
d. Tous les deux travaillent sur les grands genres : le nu, la nature morte et le portrait.	☐	☐
e. Matisse et Picasso sont considérés comme les inventeurs de l'art moderne.	☐	☐
f. L'exposition a choisi un parcours thématique.	☐	☐

4. DE L'ADJECTIF AU SUBSTANTIF. Complétez.

a. stylisé → .... des formes.

b. gracieux → .... des attitudes.

c. éclatant → .... du regard.

d. terne → .... d'un miroir.

e. géométrique → .... des sentiments.

f. plastique → .... des opinions.

5. DÉFINIR. Associez le mot et sa définition.

a. une aquarelle	**1.** Éléments hétérogènes collés sur une toile.
b. une nature morte	**2.** Vaste peinture murale.
c. un collage	**3.** Impression sur papier, bois, verre...
d. une sérigraphie	**4.** Grande feuille imprimée collée sur un mur.
e. une fresque	**5.** Peinture sur papier aux couleurs transparentes.
f. une affiche	**6.** Représentation d'objets ou d'animaux morts.

6. Complétez ces citations avec les mots de la liste.

solitude ; bonheur ; harmonie ; mélancolie ; pessimisme ; angoisse

a. Entre deux individus, ... n'est jamais donnée, elle doit infiniment se conquérir. (*Simone de Beauvoir*)

b. .... est d'humeur ; l'optimisme est de volonté. (*Alain*)

c. Ma seule *Étoile* est morte, – et mon luth constellé
Porte le *Soleil* noir de .... (*Nerval*)

d. Il n'y a pas deux temps pareils de .... car on n'est jamais seul de la même façon. (*Henri Bosco*)

e. L'homme dissipe son .... en inventant ou en adaptant des malheurs imaginaires. (*Raymond Queneau*)

f. .... s'attache aux plus fragiles aspects, et naît de préférence des choses minimes et du vent.
(*Robert Brasillach*)

Oral

N° 17

1. Écoutez le reportage. Répondez aux questions.

a. Lieu d'établissement du Théâtre Guignol : ....
....

b. Âge de Guignol : ....

c. Inventeur de Guignol : ....

d. Caractéristique de la marionnette de Guignol : ....
....

e. Caractère de Guignol : ....

f. Geste préféré et attendu : ....

g. Objectif du musée des Arts de la marionnette : ....
....

Écrit et civilisation

1. Lisez l'article et faites les activités.

Le street art regarde le monde

À un riverain qui lui demandait de repeindre la porte de son garage, le graffeur parisien Nasty, pris par le temps, a laissé un message bleu pétant entouré de cœur rose « *je reviendrai…* ». Tout autour de La Condition publique à Roubaix, des artistes ont peint, poché, collé des œuvres pour laisser une trace et inviter à la rencontre une population pas toujours intéressée par l'art. Ludo a réalisé un impressionnant oiseau de papier de 16 m de haut customisé en avion de chasse. Le jeune portugais Vhils a orné d'un portrait poétique le mur en briques d'un jardin. C 215 a plaqué ses chats et un malicieux SDF sur des portes. Tous se retrouvent aussi à l'intérieur de la Condition publique, immense bâtiment autrefois dévolu au stockage de la laine.

Dans et hors les murs, c'est le choix de Jean-Christophe Levassor, directeur de ce lieu culturel ouvert sur un quartier difficile, et de la galeriste Magda Danysz, la commissaire de l'exposition « Street Generation(s), 40 ans d'art urbain ». [...]

Né dans la clandestinité, le street art est devenu multiforme à l'image des 50 artistes emblématiques exposés. La visite se veut chronologique, depuis les affiches lacérées transformées en tableau de Jacques Villeglé dans les années 1950 à une formidable installation sonore de collages de JR à la sortie. Entre les deux époques, les simples signatures des pionniers américains (Dondi White, A-One) se sont enrichies d'éléments graphiques (Crash). Puis ont osé l'abstraction tel Futura dont la fresque peinte le temps d'un concert rock de The Clash à Mogador en 1981 démonte le lien obligatoirement organique entre street art et hip hop.

Suivent les années pochoir : Bleck le Rat, Miss.Tic ou Jef Aérosol. [...] Avec

les années 2000, « *les artistes capturent un environnement et l'intègrent dans leurs œuvres, le message et le contexte prennent le pas* », explique Magda Danysz. Une démarche symbolisée par l'Américain Shepard « Obey » Fairey , dont les affiches collectivistes se vendent à prix d'or depuis son célèbre portrait d'Obama. [...] D'autres mégastars sont à l'honneur : l'incontournable Anglais Bansky ; le Français Invader et ses mosaïques distillées sur les murs du monde entier ; JonOne, Swoon et bien sûr JR.

La plupart n'ont plus à se cacher pour officier ; JR et Shepard Fairey sont invités partout à poser leurs fresques sur des immeubles et des monuments ; Vhils obtient plus facilement l'autorisation de gratter les murs avec son marteau piqueur ; le duo italien Stern Lex redécore des stations de métro. Touche à tout, la nouvelle génération s'empare des technologies récentes. « *Tout le monde a aujourd'hui une petite idée de ce qu'est le street art*, martèle Magda Danysz. *Peu de courants artistiques peuvent prétendre avoir autant imprégné la société dans le monde entier.* »
Stéphane Joby, *Le Journal du Dimanche*, 23 avril 2017.

a. Faites la carte d'identité de l'exposition.

1. Titre : ....

2. Lieu : ....

3. Organisateurs : ....

b. Associez leurs œuvres à ces trois noms.

1. Ludo : ....

2. Vhils : ....

3. C 215 : ....

c. Retrouvez les artistes associés à ces différents courants.

1. Les pionniers : ....

2. L'abstraction : ....

3. Les années pochoir : ....

4. Les environnementalistes : ....

d. À quoi reconnaît-on aujourd'hui que le street art n'est plus un art clandestin ?

....

Vocabulaire

1. Apprenez le vocabulaire.

Conservatoire (n. m.)	Vitrine (n. f.) ....
Compositeur (n. m.)	Antenne (n. f.) ....
Violoncelliste (n. m./f.)	Stabilité (n. f.) ....
Blessure (n .f.)	Subtilité (n. f.) ....
Aboutissement (n. m.)	Orbite (n. f.) ....
Boîte crânienne (n. f.)	Inspirer (s') (v.) ....
Ortie (n. f.)	Feinter (v.) ....
Mec (n. m.)	Influencé (adj.) ....
Potentiel (n. m.)	Académique (adj.) ....
Contrôle (n. m.)	Judiciaire (adj.) ....
Enseigne (n. f.)	

2. Vérifiez la compréhension du reportage vidéo *Gatha : interview d'une chanteuse* (Livre de l'élève, p. 54). Complétez le parcours de la chanteuse.

a. 7 ans : ....

b. Formation : ....

c. Métier : ....

d. Langues de création : ....

e. Rapport au français : ....

f. Sources d'inspiration : ....

g. Rapport à la scène : ....

3. Vérifiez la compréhension de la chanson *Cité rose* de Soprano (Livre de l'élève, p. 55). La chanson est construite sur des oppositions. Voici le premier terme, trouvez le second.

a. jungle → ....

b. ortie → ....

c. contrôles scolaires → ....

d. origine → ....

e. richesse multiculturelle → ....

f. père → ....

g. mourir → ....

4. Vérifiez la compréhension de la chanson *Voici la ville* de Vincent Delerm (Livre de l'élève, p. 55). Relevez tous les mots qui contiennent le son « i » comme dans « ville » avec les mots qui leur sont associés et qui construisent le souvenir annoncé par le titre.

....

....

5. EXPRIMER DES SENTIMENTS COMME DANS LES CHANSONS. **Trouvez le contraire.**

a. la nostalgie ≠ ....

b. la fierté ≠ ....

c. le désespoir ≠ ....

d. le courage ≠ ....

e. la tristesse ≠ ....

f. l'instabilité ≠ ....

6. Trouvez une définition des mots suivants. Aidez-vous du dictionnaire.

a. la délinquance → ....

b. le désenchantement → ....

c. l'insertion → ....

d. la famille monoparentale → ....

e. le conservatisme → ....

f. la débrouillardise → ....

7. Formez des emplois imagés avec les verbes de la liste.

cultiver ; fleurir ; pousser ; gérer ; surfer ; voler

a. .... sur le succès.

b. .... son capital de sympathie.

c. .... au secours de la victime.

d. .... sur les décombres de la civilisation.

e. .... dans ses derniers retranchements.

f. .... sa différence.

8. Associez états d'esprit et titres de chanson.

a. l'ennui	**1.** *À poings fermés* (Bénabar)
b. la routine	**2.** *Je hais les dimanches* (Juliette Gréco)
c. l'espoir	**3.** *Hier encore...* (Charles Aznavour)
d. le chagrin	**4.** *Le tourbillon* (Jeanne Moreau)
e. le mystère	**5.** *Ma ligne de chance* (Anna Karina)
f. la nostalgie	**6.** *Ne partons pas fâchés* (Raphaël)

Écrit et civilisation

1. Lisez ces deux témoignages et faites l'activité.

Un festival a changé leur vie. Témoignages.

• Les Vieilles Charrues à Carhaix-Plouquer (Finistère)

« J'avais 17 ans pour mon premier festival des Vieilles Charrues, je venais de Brest et je voulais faire la fête. Depuis, j'y reviens tous les ans. Je vais surtout voir les groupes ou les chanteurs les plus connus qui se produisent sur les deux grandes scènes. Mais, quelle que soit l'affiche la joie est la même de se retrouver entre festivaliers – tous des copains – pour poursuivre la discussion de l'année précédente. L'ambiance est rock and roll et bon enfant, chacun est là pour en profiter, dans un grand respect mutuel. On ne dort pas beaucoup pendant ces quatre jours qui attirent toutes les générations ! C'est fascinant de voir les jeunes reprendre en chœur les chansons des années 80. Surtout, il y a cinq ans, j'y ai rencontré mon futur mari et, comme il est de Carhaix, j'habite maintenant sur place ! Ne croyez pas que c'est rare, les Vieilles Charrues reçoivent pas mal de faire-part de mariage ! »

Cathy, 32 ans

• Jazz in Marciac (Gers)

« J'ai un très grand appétit pour la culture en général et une passion pour la musique en particulier. J'écoute beaucoup de jazz, mais aussi des chansons françaises, du rock, de l'opéra. Il y a huit ans, j'ai mis un pied à Marciac – ma grand-mère habitait à une quarantaine de kilomètres et j'en entendais souvent parler petite – j'aimais cette idée de lien entre musique et campagne. Plus tard, mon métier d'enseignante m'a laissé du temps l'été pour m'y rendre chaque année, mais je n'avais pas les moyens d'aller à tous les concerts pendant trois semaines. Alors, j'ai trouvé une solution : je suis devenue bénévole et je le suis restée ! À chaque festival, c'est un renouveau, je me fais au moins quatre ou cinq découvertes exceptionnelles et, de retour chez moi, à Lyon, cela me nourrit jusqu'à l'année suivante. J'aime l'ambiance et l'énergie des spectacles vivants. Et comme je retrouve tous les ans les mêmes bénévoles, j'ai l'impression que le temps n'a pas de prise sur nous et que l'on fait tous partie de la même grande famille. »

Delphine, 44 ans

Version Fémina, 4-10 juillet 2016.

Comparez les deux expériences.

	Cathy	Delphine
Âge		
Première participation à l'événement		
À quelle occasion ?		
Niveau de fréquentation		
Particularités de l'événement		
Influence sur la vie personnelle		

Vocabulaire

1. **Apprenez le vocabulaire.**

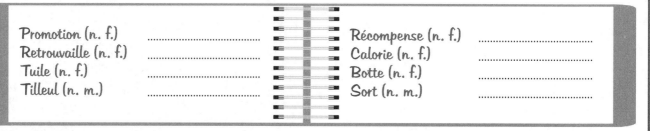

Promotion (n. f.) ....

Retrouvaille (n. f.) ....

Tuile (n. f.) ....

Tilleul (n. m.) ....

Récompense (n. f.) ....

Calorie (n. f.) ....

Botte (n. f.) ....

Sort (n. m.) ....

2. **Associez chaque phrase à un événement.**

a. naissance

b. mariage

c. réussite à un examen

d. promotion

e. départ à la retraite

f. nouvel an

1. Bravo ! Juste récompense du travail accompli... au moins toi tu avances !

2. Pour une année que je te souhaite pleine de promesses, de découvertes et d'émotions.

3. Aller vers l'inconnu pour trouver du nouveau... c'est tout le départ que je te souhaite !

4. Cette histoire que vous allez maintenant raconter à deux, je vous la souhaite pleine d'inattendus heureux.

5. Eh bien voilà qui va mettre de l'animation dans la maison. Bienvenu au nouvel arrivant !

6. Et en plus haut la main ! Avec toutes les félicitations amicales du jury.

3. SOYEZ CRÉATIFS ! **Changez un homme en femme, une poste en ferme et du vin en eau en ne changeant qu'une lettre chaque fois.**

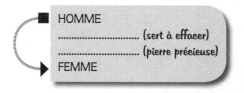

HOMME

.... (sert à effacer)

.... (pierre précieuse)

FEMME

POSTE

.... (on l'ouvre quand on sort)

.... (personne qui n'est pas faible)

.... (elle est pleine quand on est bien)

FERME

VIN

.... (arbre toujours vert)

.... (grand morceau d'étoffe)

.... (ville du Sud-Ouest de la France)

EAU

4. QUAND UN MOT PEUT EN CACHER UN AUTRE... **Avec les lettres des mots SECONDAIRE puis INTERNATIONAL, trouvez...**

a. cinq mots d'une syllabe.

sec, ...

net, ...

b. quatre mots de deux syllabes.

code, ...

nation, ...

c. deux mots de trois syllabes.

....

....

5. FAIRE DES ACROSTICHES. **Prenez un prénom ou un mot et écrivez-le verticalement. Vous pouvez ensuite écrire un message, comme dans l'exemple.**

Mari
Idéal
Cherche
Héroïne
Elégante
Libre

A ....
N ....
N ....
E ....

C ....
O ....
M ....
P ....
A ....
G ....
N ....
O ....
N ....

6. ENRICHIR UN TEXTE. **Lisez et terminez le texte de Jean Tardieu *Finissez vos phrases ou une heureuse rencontre*.**

Monsieur A et Madame B, personnages pleins d'élan, toujours prêts à dire quelque chose d'explicite, se rencontrent dans la rue, devant la terrasse d'un café.

Monsieur A (*avec chaleur*) **:** Oh ! Chère amie. Quelle chance de vous ....

Madame B (*ravie*) **:** Très heureuse moi aussi. Très heureuse de vous ...., vraiment oui !

Monsieur A : Comment allez-vous, depuis .... ?

Madame B (*très naturelle*) **:** Depuis que .... ? Eh! bien ! j'ai continué, vous savez, j'ai continué à ....

Monsieur A : Comme c'est .... ! Enfin, oui vraiment, je trouve que c'est

....

Madame B (*modeste*) **:** Oh ! n'exagérons rien ! C'est seulement, c'est uniquement. Je veux dire ce n'est pas tellement, tellement ....

7. DÉCRIRE. PARLER D'UNE PERSONNE EN UTILISANT LA COMPARAISON AVEC LE MONDE ANIMAL.
Complétez ces expressions avec un adjectif de la liste.

doux ; têtu ; bavard ; muet ; paresseux ; myope

a. .... comme une pie.

b. .... comme une taupe.

c. .... comme une couleuvre.

d. .... comme un agneau.

e. .... comme une carpe.

f. ....

.... comme un âne.

COMPRÉHENSION DE L'ORAL

N° 18 Écoutez l'interview. Répondez aux questions.

1. Définissez le wakeboard.

....

2. Complétez l'itinéraire de Clément.

a. Il y a quatre ans : ....

b. Un an après : ....

3. Pourquoi le wakeboard est apparu comme facile à pratiquer pour Clément ?

....

4. Dites si ces affirmations sont vraies ou fausses.

	VRAI	FAUX
a. La progression de Clément a été très rapide.	☐	☐
b. Il s'est beaucoup entraîné.	☐	☐
c. Il a eu très vite une pratique de professionnel.	☐	☐

5. Comment s'est passé son tournoi à la *World Wakeboard Association* ?

....

6. C'est quoi la vie d'après d'un champion ?

....

COMPRÉHENSION DES ÉCRITS

Lisez l'article. Faites les activités.

Les séries françaises ne connaissent pas les frontières

« Il y a quelques années, on s'arrachait les séries anglo-saxonnes, puis les séries scandinaves et israéliennes. Maintenant, c'est au tour des séries françaises d'être à la mode. Nos productions passionnent les étrangers », se réjouit Fabrice Larue, le patron Newen, à qui on doit « Versailles », grosse production qui a séduit pas moins de 135 pays. C'est le succès à l'international d'« Engrenages » et des « Revenants » qui a ouvert la voie. Depuis, l'exception est devenue une habitude. *« Il y a dix ans, on vendait principalement en Europe. Maintenant, il n'y a pas de pays interdit. Même les États-Unis et l'Angleterre proposent nos séries, ce qui était inimaginable il y a dix ans »*, rappelle Laetitia Recayte, la responsable des exportations de France Télévisions. Allemagne, Italie, Russie, mais aussi Australie et Nouvelle-Zélande : toutes ont succombé au charme de « Candice Renoir » (France 2) ou sont captivées par « Baron noir » (Canal +). *« On aurait pu croire que notre série politique franco-française sur un élu local aurait du mal à s'exporter*, explique Rodolphe Buet, de Canal +. *Mais non ! Moins d'un an après sa diffusion, l'élu local joué par Kad Merad s'est vendu dans 37 pays ! »*

« Que ce soient Versailles, Le Tréport ou les exploitations viticoles du Sang de la Vigne, c'est notre patrimoine qui plaît », résume Fabrice Larue. Mais plus que ces décors bien de chez nous, c'est la qualité du scénario à la française et le boom des plates-formes comme Netflix qui ont fait la différence. Et nos chaînes se sont réorganisées pour proposer une saison par an alors qu'encore récemment il a fallu attendre trois ans la suite (décevante) des « Revenants ».

Cette nouvelle mode est une véritable bouffée d'oxygène pour les producteurs. Les recettes liées aux exportations des séries françaises ont doublé en trois ans. [...] De nouveaux revenus qui vont permettre de lancer de nouvelles séries.

Benoît Daragon, *Aujourd'hui en France*, 22 octobre 2016.

1. Faites la liste des séries, citées dans l'article, qui s'exportent.

....

2. Quel est le nombre de pays où ces séries s'exportent ?

....

3. Faites la liste des pays où les séries françaises s'exportent.

....

4. Recherchez dans l'article les raisons de ce succès.

....

5. Quelles sont les conséquences économiques de ce succès pour les producteurs ?

....

PRODUCTION ORALE

Vous dégagerez le problème soulevé par le document ci-dessous. Vous présenterez votre opinion sur le sujet de façon argumentée.

Pour ou contre la gratuité dans les musées ?
La gratuité…
Un outil pour mettre à disposition des biens communs hérités de l'histoire ou une fausse bonne idée, sachant que 23 % des Français ont des pratiques culturelles qui ne croisent jamais les offres proposées ?

Un outil de démocratisation de la culture ou un choix qui ne veut pas tenir compte d'une réalité : 29 % des Français n'ont qu'une fréquentation exceptionnelle des salles de spectacles, des musées et des expositions.
Plutôt que la gratuité, privilégier la médiation et les nouveaux outils qui l'accompagnent.

PRODUCTION ÉCRITE

Aimez-vous lire ? Quel rapport entretenez-vous avec la lecture ? Faut-il l'encourager ? Quels sont les effets bénéfiques de la pratique de la lecture sur le lecteur. Comporte-t-elle des effets négatifs ?

Exposez votre point de vue dans un texte argumenté de 250 mots environ.

....

....

....

....

....

....

....

....

....

....

....

Unité 4 - Leçon 1 - Faire une interview

Vocabulaire

1. Apprenez le vocabulaire.

Prisonnier (n .m.) .... | Prison (n. f.) ....
Incarcération (n. f.) .... | Malaise (n. f.) ....
Encre (n. f.) .... | Arrestation (n. f.) ....
Hypothèse (n. f.) .... | Incarcérer (v.) ....
Valet (n. m.) .... | Détourner (v.) ....
Espion (n. m.) .... | Résolu (adj.) ....
Négociation (n. f.) .... | Légitime (adj.) ....
Jumeau (n. m.) .... | Farfelu (adj.) ....
Accouchement (n. m.) ....

2. Vérifiez la compréhension du document audio *L'énigme du masque de fer enfin résolue* (Livre de l'élève, p. 62). Dites si ces affirmations sont vraies ou fausses.

	VRAI	FAUX
a. Le prisonnier au masque de fer s'appelait Eustache Dangers.	☐	☐
b. Eustache Dangers participait aux négociations secrètes entre les Rois de France et d'Angleterre.	☐	☐
c. La reine n'a pas pu avoir de jumeaux sans que personne ne le sache.	☐	☐
d. On peut refaire tout le parcours d'Eustache Dangers de prison en prison.	☐	☐
e. Nicolas Fouquet a été traité comme un valet.	☐	☐
f. François de Beaufort serait en réalité le père de Louis XIV.	☐	☐
g. Molière était très malade, il n'aurait pas pu vivre jusqu'en 1703.	☐	☐

3. Associez chacun de ces mots à un domaine d'emploi privilégié de la liste.

science ; police ; justice ; histoire ; vente ; médecine ; médias

a. énigme → ....
b. hypothèse → ....
c. enquête → ....
d. découverte → ....
e. preuve → ....
f. argument → ....

4. Associez un verbe de la liste à chacun des mots ci-dessus.

mener ; avancer ; émettre ; donner ; résoudre ; faire

a. .... une énigme.
b. .... une hypothèse.
c. .... une enquête.
d. .... une découverte.
e. .... une preuve.
f. .... un argument.

5. Caractérisez avec l'adjectif de la liste. Associez à sa définition.

probable ; favorable ; contestable ; romanesque ; farfelu ; irréfutable

a. un peu bizarre → Un raisonnement ....
b. indéniable → Une preuve ....
c. digne d'un roman → Une imagination ....
d. plutôt vrai que faux → Une hypothèse ....
e. qui peut être mise en discussion → Une décision ....
f. positif → Un avis ....

6. Trouvez le contraire.

a. probable ≠ ....
b. favorable ≠ ....
c. romanesque ≠ ....
d. farfelu ≠ ....
e. irréfutable ≠ ....
f. contestable ≠ ....

Grammaire

1. Faites des hypothèses sur le présent comme dans l'exemple.

Affaire de comportement

a. Tu mens toujours. On ne peut pas te faire confiance.

→ **Si tu ne mentais pas toujours, on pourrait te faire confiance.**

b. Tu racontes tellement d'histoires. On ne peut pas te croire.

→ ....

c. Tu t'amuses trop. Tes résultats ne vont pas s'améliorer.

→ ....

d. Tu ne fais pas assez confiance aux gens. Ils ne travaillent pas bien.

→ ....

e. Tu n'étudies pas assez sérieusement. Tu ne réussis pas.

→ ....

f. Tu ne fais pas assez d'effort. Tu n'obtiendras pas ton diplôme.

→ ....

2. Faites des hypothèses sur le passé comme dans l'exemple.

a. On n'a pas insisté. On n'a pas réussi à le convaincre.

→ **Si on avait insisté on aurait réussi à le convaincre.**

b. On ne lui a pas proposé le marché. Il n'a pas regardé le dossier.

→ ....

c. On ne l'a pas laissé prendre les bonnes décisions. Il n'a pas pu sauver l'entreprise.

→ ....

d. On ne lui a pas adressé la bonne proposition. Il n'a pas accepté.

→ ....

e. On n'a pas su consentir quelques arrangements. Rien n'a pu s'arranger.

→ ....

f. On n'a pas avancé les bons arguments. On n'a pas emporté la décision.

→ ....

3. Reformulez les hypothèses. Utilisez les expressions entre parenthèses.

a. La robotique et la connectivité continueront à se développer. La durée du travail devra diminuer. (*Si*)

→ ....

b. On travaillera moins longtemps. Il faudra développer des activités alternatives. (*Supposons que*)

→ ....

c. On devra proposer des activités alternatives. Il faudra les financer. (*Faisons l'hypothèse que*)

→ ....

d. On pourra peut-être les financer. Il faudra faire payer des impôts à des gens qui gagnent moins. (*En supposant que*)

→ ....

e. On fait payer l'impôt à des gens qui gagnent moins. Ils vont s'appauvrir. (*Dans l'hypothèse où*)

→ ....

f. Les gens s'appauvrissent. Ils vont demander à l'État de les prendre en charge. (*Si*)

→ ....

Oral

1. Travaillez les automatismes. Répétez la question en utilisant la forme avec inversion du pronom sujet.

N° 19 **a.** – Son nom est français ?

→ **Son nom est-il français ?**

b. – Sa famille est d'origine portugaise ?

→ ....

c. – Son fils habite les États-Unis ?

→ ....

d. – Sa sœur travaille en Australie ?

→ ....

e. – Elle étudie la biodiversité ?

→ ....

f. – Il cherche un job ?

→ ....

2. Demandez confirmation comme dans l'exemple.

N° 20 **a.** Vous êtes son frère ?

→ **N'êtes-vous pas son frère ?**

b. Vous avez des liens avec son cousin ?

→ ....

c. Vous avez travaillé ensemble il y a quelques années ?

→ ....

d. Vous avez eu un prix de l'innovation ?

→ ....

e. Vous avez tout laissé tomber ?

→ ....

f. Vous avez été déçu ?

→ ....

3. FAIRE DES HYPOTHÈSES. Travaillez vos automatismes.

N° 21 *Malheurs informatiques*

a. Je n'ai pas fait de sauvegardes. J'ai perdu mes fichiers.

→ **Si j'avais fait des sauvegardes, je n'aurais pas perdu mes fichiers.**

b. Elle n'a pas vérifié l'appareil. Il est tombé en panne.

→ ....

c. Tu n'as pas appelé la hot-line. Tu n'as pas eu l'information.

→ ....

d. J'ai oublié le code d'accès. Mon ordinateur est bloqué.

→ ....

e. L'antivirus n'a pas été activé. On a été piraté.

→ ....

f. Je n'ai pas fait nettoyer mon ordinateur. Il s'arrête souvent.

→ ....

Juger la valeur d'une information - Leçon 2 - Unité 4

Vocabulaire

1. Apprenez le vocabulaire.

Finalité (n. f.)	Convergence (n. f.) ....
Potentiel (n. m.)	Éradiquer (v.) ....
Décès (n. m.)	Greffer (v.) ....
Ingénierie (n. f.)	Thérapeutique (adj.) ....
Loterie (n. f.)	Précoce (adj.) ....
Puce (n. f.)	Génétique (adj.) ....
Organisme (n. m.)	Pigmentaire (adj.) ....
Éradication (n. f.)	Défectueux (adj.) ....
Hybridation (n. f.)	

2. Vérifiez la compréhension de l'interview de Luc Ferry sur le transhumanisme (Livre de l'élève, p. 64). Choisissez la bonne réponse.

a. La finalité de la médecine thérapeutique, c'est de/d'...
- ☐ **1.** soigner, réparer.
- ☐ **2.** augmenter le potentiel humain.

b. Avec le transhumanisme, il s'agit de parvenir à...
- ☐ **1.** augmenter la longévité de la vie humaine.
- ☐ **2.** combattre les maladies précoces.

c. Troisième caractéristique majeure du transhumanisme...
- ☐ **1.** recourir à la technomédecine.
- ☐ **2.** corriger la loterie génétique.

d. Nous sommes dans l'augmentation quand...
- ☐ **1.** la puce rend la vue.
- ☐ **2.** quand la puce permet d'acquérir une vision d'aigle.

e. La mort de la mort...
- ☐ **1.** peut devenir une réalité.
- ☐ **2.** est un pur fantasme.

f. Souhaiter une longévité de deux cents-trois cents ans...
- ☐ **1.** mérite qu'on y réfléchisse.
- ☐ **2.** est inimaginable.

3. Trouvez le sens des mots et expressions suivants.

a. biochirurgie → ....

b. ingénierie génétique → ....

c. technomédecine → ....

d. médecine thérapeutique → ....

4. Utilisez les verbes de la liste dans d'autres contextes. Complétez.

recourir ; combattre ; augmenter ; soigner ; corriger ; réparer

a. .... sa réputation.

b. .... une erreur.

c. .... une idée reçue.

d. .... un défaut.

e. .... à un subterfuge.

f. .... l'appétit de conquête.

5. Complétez le dialogue. Répondez avec les expressions de la liste.

je suis au courant ; je l'ignore ; je n'en ai pas la moindre idée ; ça ne me dit rien ; j'en ai entendu parler

– Tu sais où elle est partie ?

– Non, absolument pas, ...

– Tu sais qu'elle a un gros problème ?

– Elle ne m'a rien dit mais ....

– En fait, elle te l'a dit, elle s'est séparée de son copain...

– Oui, ...

– Et lui, tu sais comment il a réagi ?

– .... : en fait, je n'ai plus de contact avec lui.

– Tu connais Karim et Mika, deux copains à lui ?

– Non, ...

Grammaire

1. Rendez-vous média. Exprimez le doute ou la certitude. Reliez les deux phrases comme dans l'exemple.

a. Il viendra pour l'interview ? C'est improbable.

→ **C'est improbable qu'il ne vienne pas pour l'interview.**

b. Il a peut-être perdu le contact. C'est possible.

→ ....

c. Il ne peut pas se passer de cet article. C'est impossible.

→ ....

d. Il a envie d'avoir sa photo dans le magazine. J'en suis sûr.

→ ....

e. Il n'est pas du genre à se priver d'une photo en couverture. J'en doute.

→ ....

f. Il ne s'est peut-être pas réveillé... Il y a un risque.

→ ....

2. Exprimez l'apparence avec les expressions entre parenthèses.

Le théâtre ou la vie

a. Il a perdu tout sens des réalités. (*on dirait que*)

→ ....

b. Elle n'est pas dans la meilleure forme. (*j'ai l'impression que*)

→ ....

c. Elle n'a plus tous ses repères. (*elle a l'air*)

→ ....

d. Elle ne reconnaît plus personne. (*elle semble*)

→ ....

e. Il y a peu de temps, elle tenait des propos plus cohérents. (*il me semble que*)

→ ....

f. On dirait Ophélia dans *Hamlet* de Shakespeare. (*elle me fait penser à*)

→ ....

Oral

1. Écoutez la présentation du journal. Répondez aux questions et cherchez l'information.

N° 22 **a. Remettez dans l'ordre les sujets d'information que vous entendez.**

1. acte terroriste – **2.** culture – **3.** économie – **4.** élection – **5.** feu de forêt – **6.** sport

....

b. Donnez un titre à chaque information.

1. ....

2. ....

3. ....

4. ....

5. ....

6. ....

c. Dites si ces phrases sont vraies ou fausses et corrigez les phrases fausses.
Le jour de la séquence d'information à la radio...

	VRAI	FAUX
1. les Français élisaient leur président.	☐	☐
2. une explosion due à un acte terroriste avait fait trois victimes dans un pays d'Amérique du Sud.	☐	☐
3. les ventes de voitures étaient en baisse.	☐	☐
4. la ville de Leira, au Portugal, était le cadre d'un gigantesque incendie.	☐	☐
5. l'équipe de France de rugby avait été battue.	☐	☐
6. la BD *Valérian* devenait un film de Luc Besson.	☐	☐

d. Pour chacune des informations suivantes, indiquez le degré de certitude.

1. Le président va-t-il disposer d'une majorité ? → **Il le devrait logiquement.**

2. On connaît les auteurs de l'attentat de Bogota. → ....

3. L'équipe de France de rugby n'est pas en forme. → ....

4. Les Français ont compris les dangers du carburant diesel. → ....

5. L'incendie au Portugal aura fait de nombreuses victimes. → ....

6. On connaît la cause de cet incendie. → ....

7. Le nouveau film de Besson sera le plus cher du cinéma français. → ....

Unité 4 - Leçon 3 - Synthétiser des informations

Vocabulaire

1. Apprenez le vocabulaire.

Zèbre (n. m.)	Tension (n. f.) ....
Rayure (n. f.)	Approvisionnement ....
Camouflage (n. m.)	(n. m.)
Cryptage (n. m.)	Dessalement (n. m.) ....
Prédateur (n. m.)	Rater (v.) ....
Mécanisme (n. m.)	Enduire (v.) ....
Répulsif (n. m.)	Gaspiller (v.) ....
Pionnier (n. m.)	Exploiter (v.) ....
Équidé (n. m.)	Dubitatif (adj.) ....
Lion (n. m.)	Antiparasitaire ....
Hyène (n. f.)	(adj.)
Fauve (n. m.)	Gourmand (adj.) ....
Brouillage (n. m.)	Contraint (adj.) ....
Convexion (n. f.)	Phréatique (adj.) ....

2. Vérifiez la compréhension de l'article *Les rayures du zèbre, la fin d'un mythe* (Livre de l'élève, p. 66). Dites si ces affirmations sont vraies ou fausses.

	VRAI	FAUX
a. De nombreuses réponses ont été apportées aux rayures du zèbre.	☐	☐
b. Alfred Wallace et Darwin se sont opposés sur la théorie du camouflage.	☐	☐
c. Le biologiste Tim Caro trouve étrange la théorie du camouflage.	☐	☐
d. Pour Tim Caro, le camouflage n'est opérant que la nuit.	☐	☐
e. C'est la théorie du brouillage qui lui semble devoir être prise en considération.	☐	☐
f. La théorie du contrôle thermique par les bandes noires et blanches n'est pas pertinente.	☐	☐
g. La seule hypothèse solide, c'est le dispositif antiparasitaire.	☐	☐

 3. Écoutez le document audio *Quelle eau pour demain ?* (Livre de l'élève, p. 67). Retrouvez les informations suivantes.

a. *S'approvisionner en eau.* Notez les quatre facteurs qui constituent autant de problèmes pour l'approvisionnement en eau.

→ ....

b. *Partager l'eau.* Quel exemple donne le géographe ?

→ ....

c. *Mieux utiliser l'eau.* Citez les deux domaines donnés en exemple.

→ ....

d. *Trouver de nouvelles ressources.* Quelles sont les deux technologies évoquées ?

→ ....

4. Retrouvez la définition des mots suivants.

a. camouflage → ....

b. brouillage → ....

c. cryptage → ....

d. répulsif → ....

5. Transformez le verbe en nom et complétez.

a. surveiller → .... des expériences.

b. contrôler → .... des données.

c. modifier → .... des paramètres.

d. prédire → .... des météorologues.

e. observer → .... des phénomènes.

f. découvrir → .... des sources.

6. Transformez l'adjectif en nom et complétez.

a. faible → .... des propositions.

b. contraint → .... du calendrier.

c. grave → .... de la situation.

d. inquiétant → .... des marchés.

e. dubitatif → .... des observateurs.

f. exact → .... des prévisions.

7. Formez des expressions imagées à l'aide des verbes de la liste.

retenir ; produire ; partager ; distribuer ; gaspiller ; consommer

a. .... son talent.

b. .... ses chances.

c. .... des convictions.

d. .... de l'effet.

e. .... des compliments.

f. .... ses larmes.

Écrit et civilisation

1. Lisez l'article et faites les activités.

Olivier Rey : « Le monde n'est plus que statistique »

Au commencement était le Verbe, il semble qu'à la fin tout doive devenir nombre. Là où étaient les mots, les chiffres adviennent (ou les courbes, les cartes, les diagrammes qui en sont tirés).

Lorsque ce qui était à même d'orienter dans la vie a été rongé par la critique, lorsque l'expérience individuelle n'est plus à la mesure de sociétés trop étendues, trop complexes et trop changeantes, les nombres deviennent les ultimes garants de la réalité, et non seulement calibrent le monde mais colonisent jusqu'à l'intime. On parle de *quantified self*.

La santé n'est plus ce que l'on ressent mais ce dont les mesures attestent. Et lorsque le col blanc, pour compenser ce que son existence postée devant un écran a de trop sédentaire et d'antinaturel, va courir le soir ou le week-end, son rapport au monde est tellement médiatisé par les nombres que, même en ce moment de détente où les facultés corporelles sont appelées à s'exprimer, il s'équipe d'un bracelet connecté interactif ou utilise une « appli » de son smartphone afin de comptabiliser le temps écoulé, les foulées, les battements cardiaques, évaluer les distances parcourues et l'énergie dispensée, dresser des diagrammes de performance, etc. Sans cela, il ne serait pas bien sûr d'avoir couru, les efforts fournis ne « compteraient » pas.

Dans la vie publique, le règne du nombre est encore plus prégnant. Personne ne saurait parler sérieusement de l'état de la société et discuter politique sans se référer aux informations quantitatives délivrées par des organismes, institutions, agences spécialement dédiés à leur production : taux de croissance, de chômage, d'inflation, d'endettement, de déficit, indices boursiers, chiffres de la délinquance, de la construction, du commerce extérieur, de l'immigration, etc.

Le Traité de Maastricht, entré en vigueur en 1993, stipule que dans chaque État de l'Union européenne, le taux d'inflation ne doit pas excéder de plus de 1,5 %, celui des trois pays membres ayant les plus faibles taux d'inflation ; le déficit budgétaire doit demeurer inférieur à 3 % du produit intérieur brut. Pour la première fois dans l'histoire, des États sont liés autour de grandeurs statistiques élevées au rang d'éléments explicites de l'exercice du droit […].

Des commissions d'experts sont réunies, dont on attend qu'elles élaborent de nouveaux « indicateurs » qui, enfin, intégreront dans leur composition la qualité de la vie des individus, ou la « soutenabilité » du développement. Autrement dit, on s'emploie à corriger les défauts de la statistique existante en étendant son domaine d'application, en lui faisant pénétrer des régions qui échappaient jusque-là à son emprise. Cela, parce que seules les réalités quantitatives semblent dignes d'être prises en considération.

Olivier Rey, *Quand le monde s'est fait nombre*, © Éditions Stock, 2016.

a. Quelle est la place des nombres dans la société d'aujourd'hui ? Comment s'explique cette place ?

....

b. Dans le domaine de la pratique sportive, à quoi servent un bracelet connecté ou une « appli » de smartphone ?

....

c. Donnez des exemples d'informations quantitatives qui permettent de parler de la société.

....

d. À quoi correspondent ces trois chiffres inscrits dans le Traité de Maastricht ?

1. 1,5 % : ....

2. 3 % : ....

e. Dites si ces affirmations sont vraies ou fausses.

	VRAI	FAUX
1. La qualité de la vie fait partie des nouveaux indicateurs.	❒	❒
2. Le domaine d'application de la statistique est en train de s'étendre.	❒	❒
3. On doit prendre en considération d'autres réalités que les réalités quantitatives.	❒	❒

Vocabulaire

1. Apprenez le vocabulaire.

Tri (n. m.) ....
Médiation (n. f.) ....
Injonction (n. f.) ....
Fiabilité (n. f.) ....
Vandalisme (n. m.) ....
Bénévole (n. m.) ....
Patrouilleur (n. m.) ....
Neutralité (n. f.) ....
Contributeur (n. m.) ....
Variante (n. f.) ....

Appliquer (s') (v.) ....
Manipuler (v.) ....
Prédominant (adj.) ....
Virtuel (adj.) ....
Sourcé (adj.) ....
Fiable (adj.) ....
Sensible (adj.) ....
Péjoratif (adj.) ....
Ciblé (adj.) ....

2. Vérifiez la compréhension du document vidéo *La BnF* (Livre de l'élève, p. 68). Visionnez le document et renseignez la fiche ci-jointe.

a. Public : ....

b. Dominante : ....

c. Facilitateurs d'accès : ....

d. Nombre de lecteurs-chercheurs : ....

e. Spécificité de la bibliothèque virtuelle : ....

f. Conditions de travail : ....

3. Lisez l'article sur *Wikipédia* (Livre de l'élève, p. 69). Faites les activités.

a. À quoi correspondent ces données ?

1. 1,8 million : ....

2. 280 : ....

3. 72 % : ....

b. Complétez ces propos rapportés.

1. « Ne faites pas confiance .... »

2. Proposer du contenu « que .... »

c. Qu'appelle-t-on « vandalisme numérique » ?

....

d. À quoi servent...

1. les patrouilleurs ? ....

2. les modérateurs ? ....

3. la page de discussion ? ....

4. Quelle est leur activité ? Définissez avec les verbes suivants : *collaborer ; influencer ; publier ; gérer ; concilier ; faciliter.*

a. médiation → **médiateur** : ....

b. administration → .... : ....

c. modération → .... : ....

d. manipulation → .... : ....

e. contribution → .... : ....

f. édition → .... : ....

5. COMMENTER. Caractérisez avec les adjectifs de la liste.

commenté ; ciblé ; documenté ; fiable ; sensible ; péjoratif

a. Il connaît bien et le sujet et les personnes ; c'est une information ....

b. Son intervention a suscité beaucoup d'interpellations peu flatteuses ; elle donne une image .... de son travail.

c. Son livre vise un public très spécifique ; il est très ....

d. Son article est abondant en références et cite toutes ses sources ; il est bien ....

e. On a beaucoup écrit sur son livre et il a fait réagir ; il a été beaucoup ....

f. Il risque gros ; chaque ligne est relu par un avocat ; c'est un sujet ....

6. Qu'est-ce qu'ils font quand ils disent... ? Associez.

a. Je pense que tu devrais aborder cette problématique de manière plus provocatrice.   **1.** modifier

b. Je ne suis pas sûr de cette référence : tu peux regarder ?   **2.** ajouter

c. Je ne dirais pas ça comme ça ; j'écrirais plutôt...   **3.** améliorer

d. Attention ! C'est le droit qui décide... il y a une ligne rouge à ne pas franchir...   **4.** vérifier

e. Non ! ça ne va pas, il faut changer ça complètement.   **5.** orienter

f. Là, il manque un chapitre...   **6.** réglementer

7. EXPRIMER LA VOCATION, L'ORGANISATION, L'UTILITÉ D'UN LIEU.
Utilisez les expressions de l'encadré « Pour s'exprimer » (Livre de l'élève, p. 68).

a. Les MJC (Maisons des jeunes et de la culture) .... aux enfants, adolescents, jeunes de moins de 25 ans.

b. Les MJC .... de proposer des activités éducatives et récréatives.

c. Elles .... des lieux pour des ateliers, une salle polyvalente pour le cinéma, la musique ou le spectacle.

d. Elles .... souvent un laboratoire ou une salle de montage pour la photo ou le cinéma.

e. Le service d'information, qui fait partie des MJC, ... pour monter des dossiers.

f. Il .... d'obtenir des aides. Les MJC sont aussi des espaces de relations sociales.

Écrit et civilisation

1. **Lisez l'article et faites les activités.**

Une élection en 140 signes

Mesurer l'opinion avec les réseaux sociaux ?

[…] La cause est entendue : Twitter ne peut en aucune manière constituer le nouveau baromètre de l'opinion publique. Ce n'est cependant pas une raison pour se désintéresser du site de microblogging en tant qu'outil d'analyse des opinions politiques. […]

L'information politique diffusée sur Twitter a en effet une portée bien supérieure à l'audience du réseau lui-même. Selon une étude réalisée par Harris Interactive en octobre 2016 auprès des internautes français âgés de 18 ans et plus, plus d'un sur deux (53 %) déclare ainsi avoir déjà vu des Tweet sur le thème de la politique que ce soit sur Twitter ou sur d'autres médias. Dès lors comment s'étonner que les hommes politiques eux-mêmes ne puissent se passer du Web social ? Sur Twitter mais aussi sur Facebook et YouTube, c'est à qui sera le plus inventif pour capter l'attention.

« *Tous ont bien conscience que l'élection peut se jouer sur ce terrain, et ce d'autant plus qu'il s'agit du seul média où le 'temps de parole' n'est pas comptabilisé par rapport aux différents adversaires* », souligne Nicolas Vanderbiest, auteur d'un blog, « Reputatio Lab » où il cartographie les grandes querelles sur Twitter. Il y remarque que l'organisation d' « équipes de riposte » a pris de l'ampleur durant cette campagne présidentielle. « *La plupart des équipes de campagne ont compris qu'il fallait centraliser les militants dans le but de les exploiter numériquement.* ». Le Front national a ainsi régulièrement procédé à des tirs de missile dans la tweettosphère à l'aide de hashtags tels que #FillonGate ou #LePion-Macron. Le principe ? Se rassembler à la même heure pour tweetter le même hashtag dans le but d'atteindre le *trending topic* (les sujets tendances du moment sur le réseau social). En pleine tempête médiatique, les militants de François Fillon ont aussitôt rétorqué avec leur propre hashtag : #StopChasseàL'Homme. […]

Sur Twitter toujours, les partisans de Jean-Luc Mélenchon se sont ainsi ralliés derrière le hashtag #JaiBastille pour préparer le rassemblement du 18 mars à Paris. Dans cette élection, le candidat de la France insoumise se pose d'ailleurs en champion du Web social : plus de 230 000 internautes se sont abonnés à sa chaîne YouTube, plus de 600 000 suivent sa page Facebook et près de 1 million son compte Twitter. Une force de frappe sans commune mesure avec celle des équipes d'Emmanuel Macron ou de Benoît Hamon – même si ces dernières, elles aussi, organisent à coups de hashtags des « *ripostes party* » pour contrer les attaques de leurs adversaires.

Reste une question : ces gesticulations numériques, dont il est difficile de mesurer l'influence sur le choix des électeurs, font-elles avancer le débat démocratique ? […] Selon l'étude réalisée par Harris Interactive à l'automne 2016, 62 % des Français estiment que cela leur permet « *d'être mieux informés sur les sujets présents dans le débat politique, et de se construire une opinion plus éclairée.* » Parmi ces *tweettos*, « *68 % attendent des personnalités politiques elles-mêmes présentes sur Twitter qu'elles donnent leur avis en direct sur des sujets de société, 59 % qu'elles fassent évoluer leurs propositions en tenant compte des réactions recueillies sur Twitter et 58 % qu'elles fassent des propositions via ce média.* » Candidats, encore un effort…

Catherine Vincent. *Le Monde*, 8 avril 2017.
Extraits de « Twitter en campagne ».

a. Mesurer le rôle de twitter en chiffres. **Retrouvez la signification de ces pourcentages.**

1. 53 % : ....

2. 62 % : ....

3. 68 % : ....

4. 59 % : ....

5. 58 % : ....

b. Trouvez le sens des mots.

1. tweetter : ....

2. tweettosphère : ....

3. tweettos : ....

c. Expliquez les expressions.

1. « trending topic » : ....

2. « ripostes party » : ....

d. Lisez les deux analyses de Nicolas Vanderbiest. Quelles conclusions en tirez-vous sur la stratégie des candidats ?

....

e. Relevez le nom des différents #hashtags cités dans le texte. Que révèlent-ils ?

....

Vocabulaire

1. Apprenez le vocabulaire.

Centrale nucléaire (n. f.) ....
Dysfonctionnement (n. m.) ....
Biodiversité (n. f.) ....
Cruauté (n. f.) ....
Élevage (n. m.) ....
Abattage (n. m.) ....
Chasse (n. f.) ....
Infrastructure (n. f.) ....
Impact (n. m.) ....

Autosuffisance (n. f.) ....
Démantèlement (n. m.) ....
Terrorisme (n. m.) ....
Dépendance (n. f.) ....
Compétence (n. f.) ....
Bétonner (v.) ....
Tellurique (adj.) ....
Nucléaire (adj.) ....

2. Associez les mots des différents encadrés de la page 70 du livre de l'élève qui ont le même sens.

a. risque → ....

b. droit → ....

c. vert → ....

3. Chassez l'intrus.

a. risque – dysfonctionnement – avantage – suppression

b. bétonné – espace vert – biodiversité – impact écologique

c. sanction – abattage – protection – droit

d. entretien – péage – droit d'entrée – financier

e. automobile – réduction – trafic – infrastructure

f. accident – sécurité – démantèlement – prix

4. Changez le sens des mots de la liste avec le préfixe « dé ». Formez le verbe.

a. avantage → **désavantage** : .... un concurrent.

b. réglementation → .... : .... les marchés.

c. centralisation → .... : .... les services.

d. investissement → .... : .... du nucléaire.

e. faveur → .... : .... le client.

f. formation → .... : .... la réalité.

5. Du verbe au substantif. Complétez.

a. maintenir → .... de la qualité du service.

b. protéger → .... de la vie personnelle.

c. réduire → .... des coûts.

d. exploiter → .... des données.

e. démanteler → .... des réseaux criminels.

f. développer → .... des sites de partage.

6. **Écrivez des titres de presse avec ces informations en commençant par un substantif remplaçant le verbe en gras.**

a. Le gouvernement **décide** de démanteler les centrales nucléaires.

→ **Décision du gouvernement de démanteler les centrales nucléaires.**

b. Le maire propose de **créer** un nouveau parc au centre de la ville.

→ ....

c. La direction de la circulation souhaite **mettre en place** des péages à l'entrée de la ville.

→ ....

d. Les députés **ont voté** la loi donnant des droits aux animaux.

→ ....

e. La Fondation Brigitte Bardot **dénonce** les conditions d'abattage des animaux.

→ ....

f. Le Sénat **confirme** le maintien des spectacles de corridas. Les Nîmois soulagés !

→ ....

7. **DÉFENDRE UNE CAUSE. DÉBAT ÉLECTORAL CONTRADICTOIRE. Utilisez les mots de l'argumentation de la liste. Complétez.**

quant à ; ensuite ; en ce qui concerne ; enfin ; et surtout ; en second lieu ; de plus ; tout d'abord

a. **En premier lieu,** nous évaluerons le coût de vos projets immobiliers ; ...., nous mettrons un frein à la circulation dans le centre de la ville ; .... nous ferons réaliser une étude d'impact de la pollution sur l'environnement ; .... nous créerons un comité de vigilance environnementale.

b. .... ce n'est pas la bonne approche ; .... vous réduisez les capacités d'attraction de la ville. .... le choix du cabinet pour réaliser l'étude d'impact, mieux vaut ne pas en parler. .... son professionnalisme, on fait facilement beaucoup mieux ! .... il est beaucoup plus cher que les autres !

COMPRÉHENSION DE L'ORAL

🔊 N° 23 **1. Qui sont Mickaël, Johan et Matthieu ?**
....

2. Quel produit ont-ils imaginé ?
....

3. Que permet-il ?
....

4. Quelles sont les deux techniques qu'ils ont associées ?
....

5. Dites si ces affirmations sont vraies ou fausses.

	VRAI	FAUX
a. La permaculture permet d'imiter ce qui se passe en forêt.	☐	☐
b. Il faut savoir associer des plantes qui se rendent des services.	☐	☐
c. L'acquaponie est une technique de circulation de l'eau.	☐	☐
d. Grâce à cette technique, les fruits et légumes peuvent pousser à leur rythme.	☐	☐

6. Quel est le coût d'une serre ?
....

7. Dans quels pays ces serres ont-elles déjà été commercialisées ?
....

COMPRÉHENSION DES ÉCRITS

Lisez l'article. Répondez aux questions en cochant la ou les bonnes réponses.

Axel Maugey : « Français, réveillez-vous ! »

Universitaire, spécialiste de la Francophonie, Axel Maugey, qui a enseigné au Canada, en Italie, au Japon, en Argentine, vient de publier un ouvrage documenté et personnel dont le titre est tout un programme : *La France qui nous rassemble* (Éditions Eyrolles).

S'il fallait définir une thèse centrale dans votre ouvrage, quelle serait-elle ?

La thèse centrale tourne autour de la question de notre déficit de francité, c'est-à-dire : la qualité de ce qui est français […]. Dans mon essai, le concept de francité est utilisé pour témoigner de la passion pour la langue française, le goût de l'histoire et le sens du savoir-vivre en français. Pour moi, ces trois éléments fondamentaux appartiennent au cœur même de la francité. Mais, celle-ci peut, dans bien des cas, dépasser l'espace français pour accueillir tous ceux qui enrichissent notre aventure commune. Il faut regretter que certains parmi nous aient injustement oublié la force de ce concept, c'est-à-dire la liberté avec laquelle la pensée aborde l'homme, la cité, l'histoire. […]

Revenons toujours à notre récit national, à notre littérature, qui est au cœur de cette France qui doit nous rassembler.

Ne craignez-vous pas d'être qualifié de « réactionnaire » ?

Dans « réactionnaire », je garde seulement le mot « réaction » […]. Tout démocrate ne peut que s'insurger lorsque nos principes et nos lois sont ainsi bafoués. Les mots sont trop souvent utilisés à la va-vite, dans l'imprécision, l'obscurantisme. L'anathème n'appartient pas à mon univers. Je respecte trop le mot « humanité » pour aller dans une direction contraire à un tel idéal. Je lui préfère celui de « libéral », synonyme de généreux.

Vous citez beaucoup Fabrice Lucchini. Quelle fonction occupe-t-il dans notre société ?

J'avoue que je me retrouve très bien en compagnie de Fabrice Lucchini […]. Face à ceux qui affaiblissent notre nation, il apparaît d'une certaine façon comme le Beaumarchais de notre époque. Issu d'un milieu populaire, il ne méprise pas les riches et, comme Beaumarchais, il se promène sur l'échelle sociale avec une rare liberté. Lucchini ose transmettre un univers culturel. Son immense talent lui permet de réussir un tel pari. Il nous transporte dans les textes des grands auteurs car eux seuls savent nous enseigner à penser de manière individuelle.

Quels seraient les remèdes à définir d'urgence ?

Réarmer la France dans le domaine économique, notamment en favorisant la réindustrialisation. Appliquer strictement la laïcité et donc le pacte républicain. Favoriser au maximum l'égalité hommes-femmes, notamment chez les Français musulmans. Restaurer l'image dégradée de notre enseignement, illustrer notre récit national. Mettre en œuvre une meilleure politique d'intégration.

Où en est aujourd'hui la francophonie ?

On assiste à un nouvel essor du français dans le monde. Nos politiques ont trop souvent tendance à minimiser ce phénomène important. On se demande bien pourquoi. Aujourd'hui, l'espace en français compte à peu près 400 millions de personnes. Grâce au dynamisme de l'Afrique, les experts prévoient qu'en 2050, notre planète accueillera 700 millions de francophones. Rappelons que l'anglais est langue officielle dans 45 pays, le français dans 32, l'arabe dans 22 et l'espagnol dans 20 pays. La francophonie (ainsi que le rayonnement du français dans le monde) apparaît comme un capital exceptionnel à faire fructifier. Ce double constat qui pourrait motiver une bonne partie de notre jeunesse n'intéresse dans l'ensemble guère nos politiques. On peut le regretter. Nul doute que la francophonie offre un potentiel culturel et économique énorme.

Propos recueillis par Armelle Héliot, *lefigaro.fr*, 24 avril 2016.

1. La francité témoigne...
a. ❑ d'une perte d'énergie.
b. ❑ du sacrifice d'innocents.
c. ❑ de la qualité de ce qui est français.
d. ❑ d'un déficit d'identité.

2. Le concept de francité témoigne...
a. ❑ de la passion pour la langue française.
b. ❑ du goût de l'histoire.
c. ❑ de la défense des valeurs.
d. ❑ du sens du savoir-vivre en français.

3. Axel Maugey se présente comme...
a. ❑ libéral, c'est-à-dire généreux.
b. ❑ insurgé.
c. ❑ réactionnaire, c'est-à-dire prompt à réagir.
d. ❑ polémiste.

4. Fabrice Lucchini représente...
a. ❑ un Beaumarchais moderne.
b. ❑ un populiste.
c. ❑ un passeur de notre univers culturel.
d. ❑ un individualiste.

5. Pour Axel Maugey, les remèdes passent par...
a. ❑ une restauration de l'enseignement.
b. ❑ une réindustrialisation.
c. ❑ une politique d'intégration.
d. ❑ une stricte application de la laïcité.

6. La francophonie aujourd'hui, c'est...
a. ❑ 700 millions de locuteurs.
b. ❑ 400 millions d'apprenants.
c. ❑ 32 pays dont le français est la langue officielle.
d. ❑ un capital à faire fructifier.

PRODUCTION ORALE

Vous dégagerez le problème soulevé par le document ci-dessous. Vous présenterez votre opinion sur le sujet de façon argumentée.

Peut-on concilier la production de biocarburants et la culture traditionnelle ? Faut-il sacrifier – avec quelles conséquences – les terres cultivables à une moindre dépendance du pétrole, à l'objectif de l'indépendance énergétique voire à la lutte contre la pollution ?

PRODUCTION ÉCRITE

Nous sommes envahis par les sondages. On sonde au quotidien sur tout : la politique, la consommation, les pratiques sociales... des sondages que l'on n'en finit pas de commenter... Pensez-vous qu'on leur accorde trop d'importance ? Qu'on leur fasse trop confiance ? Que l'on ne vérifie pas assez les sources et les conditions de réalisation de ces sondages ?

Exposez votre point de vue dans un texte argumenté de 250 mots environ.

Vocabulaire

1. Apprenez le vocabulaire.

Application (n. f.) ....
Diabète (n. m.) ....
Tremplin (n. m.) ....
Stylo à bille (n. m.) ....
Fer à repasser
vapeur (n. m.) ....
Lentilles de contact
(n. f./pl.) ....

Écran tactile (n. m.) ....
Transcription (n. f.) ....
Viabilité (n. f.) ....
Préserver (v.) ....
Innovant (adj.) ....
Absorbant (adj.) ....
Intempestif (adj.) ....
Accro (adj./fam.) ....

2. Vérifiez la compréhension de l'article sur le concours Lépine (Livre de l'élève, p. 76). Remplissez la fiche d'identité du concours Lépine.

a. Date de création : ....
b. Fondateur : ....
c. Objectif : ....
d. Modalité : ....
e. Exemples d'objets primés : ....
f. Nombre d'inventions en compétition en 2016 : ....
g. Invention récompensée en 2016 : ....

3. Complétez avec ces verbes et expressions verbales.

distinguer ; prendre en compte ; apporter des solutions ; promouvoir ; servir de tremplin ; mettre en compétition

a. .... son image.
b. .... à sa carrière.
c. .... les deux actrices pour le rôle-titre.
d. .... les difficultés de réalisation.
e. .... le bon choix du mauvais choix.
f. .... au financement du projet.

4. Trouvez un synonyme, dans leur contexte d'emploi, à chacun de ces verbes et à chacune de ces expressions verbales.

a. distinguer → ....
b. prendre en compte → ....
c. apporter des solutions → ....
d. promouvoir → ....
e. servir de tremplin → ....
f. mettre en compétition → ....

5. Remplacez l'adjectif par une périphrase.

a. un écran tactile → **un écran que l'on touche**
b. une porte amovible → ....
c. une sonnerie intempestive → ....
d. un tissu absorbant → ....
e. une montre au cadran réversible → ....
f. un verre incassable → ....

6. Interrogez avec le présentatif *c'est...*

a. l'assurance : **c'est assuré ?**

b. l'encombrement → .... ?

c. le prix → .... ?

d. la solidité → .... ?

e. la fonction → .... ?

f. les décibels → .... ?

7. S'INFORMER SUR UN OBJET. Voici les réponses. Trouvez les questions.

a. – .... ?

– Le fauteuil fait 0,80 x 0,75 x 0,40.

b. – .... ?

– C'est très simple à faire fonctionner et si vous n'y arrivez pas, il y a un petit didacticiel.

c. – .... ?

– Vous réduisez votre consommation d'énergie d'environ 20 %.

d. – .... ?

– La paire d'enceintes : 250 euros.

e. – .... ?

– Vous bénéficiez d'une garantie de deux ans.

f. – .... ?

– La livraison est gratuite.

Grammaire

1. Complétez à l'aide d'un pronom relatif simple : *qui, que, où*.

Boutique de décoration

a. C'est une boutique .... je viens souvent et .... je trouve beaucoup de choses.

b. C'est un vendeur .... je te recommande et .... donne de très bons conseils.

c. Tiens, voilà un miroir .... me plaît beaucoup.

d. Oh ! Regarde ! La lampe .... je cherche depuis une éternité.

e. Oui, c'est un modèle .... ils viennent de rééditer mais .... a été reproduit en petite quantité.

f. Et ça, c'est un fauteuil .... avait été dessiné pour un paquebot .... mes arrière-grands-parents prenaient pour aller à New York.

2. Transformez les phrases en employant un pronom relatif composé.

a. Je suis accro à ce site de rencontres.

→ **Voici le site de rencontres auquel je suis accro.**

b. C'est sur ce site que j'ai trouvé sa photo.

→ ....

c. C'est près de cette boutique que je l'ai rencontrée.

→ ....

d. C'est dans ce bar que l'on a pris un café.

→ ....

e. C'est à côté de ce cinéma que l'on a croisé son ancien copain.

→ ....

f. Je n'avais jamais pensé à cette situation improbable.

→ ....

3. Associez les deux phrases en utilisant « dont ».

a. Tu es au courant de cette rumeur. On n'en connaît pas la source.

→ ....

b. Je suis allée au concert écouter cet artiste. Tu m'en avais parlé.

→ ....

c. Il a vu un film. Je n'en avais jamais entendu parler.

→ ....

d. Vous connaissez forcément cet artiste. Je ne retrouve pas son nom.

→ ....

e. Elle n'aime pas ce plasticien. J'en suis un fan absolu.

→ ....

f. C'est une photographe peu connue. Nous apprécions son travail.

→ ....

Oral

1. Associez les deux phrases en employant un pronom relatif composé comme dans l'exemple.

N° 24 **a.** Voici ma nouvelle voiture. On lui a donné le nom de voiture hybride.

→ **Voici ma nouvelle voiture à laquelle on a donné le nom de voiture hybride.**

b. Voici mon nouvel ordinateur. Je ne pourrais pas travailler sans lui.

→ ....

c. Voici ma nouvelle console de jeux. Je passe beaucoup de temps sur elle.

→ ....

d. Voici ma montre connectée. J'en aime beaucoup le design.

→ ....

e. Voici mon nouveau Smartphone. J'y suis très attaché.

→ ....

f. Voici ma nouvelle tablette. Je ne peux rien faire sans elle.

→ ....

2. Travaillez vos automatismes. Associez les deux phrases en employant un pronom relatif.

N° 25 **a.** Elle a acheté un nouveau blender. Il lui sert beaucoup.

→ **Elle a acheté un nouveau blender qui lui sert beaucoup.**

b. Il a changé sa tondeuse. Elle ne marchait plus très bien.

→ ....

c. Elle utilise une machine à faire le pain. Elle ne peut plus s'en passer.

→ ....

d. Elle a une cuisine super équipée. Je la lui envie.

→ ....

e. Il a un aspirateur robot. Il marche tout seul.

→ ....

f. Elle achète beaucoup de gadgets. Elle ne les utilise jamais.

→ ....

Vocabulaire

1. Apprenez le vocabulaire.

Capteur (n. m.) ....

Déverrouillage (n. m.) ....

Poignée (n. f.) ....

Levier de vitesse (n. m.) ....

Position (n. f.) ....

Pédale de frein / d'embrayage (n. f.) ....

Verrouillage (n. m.) ....

Notice (n. f.) ....

Piège (n. m.) ....

Appuyer (v.) ....

Impatienter (s') (v.) ....

Hybride (adj.) ....

2. Vérifiez la compréhension du document audio *Comprendre un mode d'emploi* (Livre de l'élève, p. 78). Dites si ces affirmations sont vraies ou fausses.

	VRAI	FAUX
a. Ouvrir en effleurant les marques sur la poignée.	❑	❑
b. Utiliser le bip.	❑	❑
c. Verrouiller après avoir vérifié que toutes les portes sont fermées.	❑	❑
d. S'assurer que le frein soit serré et le levier de vitesse sur « P ».	❑	❑
e. Appuyer sur « contact » pour démarrer.	❑	❑
f. Au démarrage, on entend le moteur électrique.	❑	❑
g. Pour ouvrir le bouchon du réservoir d'essence, il faut soulever un levier situé sur le plancher.	❑	❑

3. BRICOLER DES EMPLOIS IMAGÉS DES VERBES D'ACTION DE BRICOLAGE. Associez.

a. Arracher

b. Creuser

c. Clouer

d. Percer

e. Ratisser

f. Fixer

1. un secret.

2. large.

3. une décision.

4. un déficit.

5. les yeux sur quelqu'un.

6. le bec.

4. Déterminez les domaines d'emploi de chacune des expressions de l'exercice 3.

a. management

b. ....

c. ....

d. ....

e. ....

f. ....

5. EXPRIMER DES SENTIMENTS. DE L'ADJECTIF AU VERBE. Complétez.

a. impatient → .... de son silence.

b. ennui → .... d'être ensemble.

c. orgueil → .... de ses conquêtes.

d. ému → .... de son indifférence.

e. amour → .... de sa beauté.

f. inquiéter → .... de son absence.

6. À quels problèmes font-ils allusion quand ils disent... ? Associez.

a. J'ai beau appuyer sur *start*, rien ne se passe.

b. Désolé... sur le bon de commande il n'y avait pas écrit noir mais blanc.

c. Vous voyez le coin de l'écran complètement fissuré et l'emballage abîmé.

d. Vous m'aviez dit « entre 11 h et midi... pas de problème »... j'attends toujours.

e. Il vient d'où ce produit ? Et il n'y a pas de certificat de conformité !

f. Bon, eh bien je crois qu'on va le remettre dans le camion et vous en apporter un autre.

1. Le produit est défectueux.

2. Une livraison non effectuée.

3. Un produit non fiable.

4. Un produit endommagé.

5. Un produit non conforme à la commande.

6. Un problème à la mise en service.

7. EXPRIMER LA PROTECTION AVEC UN VERBE. Voici le substantif, complétez.

a. protection → .... le consommateur.

b. règlement → .... les transactions.

c. contrôle → .... la publicité.

d. vérification → .... la conformité aux normes.

e. remboursement → .... en cas de non-conformité à la commande.

f. obligation → .... le vendeur à indiquer ses droits au consommateur.

8. RELATIONS SENTIMENTALES... DES EMPLOIS FIGURÉS DU VOCABULAIRE DES OUTILS. Complétez avec le vocabulaire de la liste.
   pelle ; rabot ; scie ; râteau ; clé ; tenailles

a. Avec Noémie, il a voulu la draguer, ça n'a pas marché, il s'est pris un ....

b. Pas facile... Il est pris en .... entre sa mère et sa femme.

c. Il faut qu'elle aide sa fille à accepter son nouveau compagnon ; c'est elle qui a la .... du problème.

d. Il m'a embrassée fougueusement... il m'a roulé une .... je te raconte pas...

e. Ça marche comme ci comme ça... C'est devenu une relation en dents de ....

f. Avec elle, fais attention à ce que tu dis, t'as intérêt à passer ta langue au ....

Grammaire

1. EXPRIMEZ L'OBLIGATION ET LA NÉCESSITÉ. Complétez.

a. Si tu veux arriver à monter ce lit, tu .... d'abord lire le mode d'emploi.

b. Ensuite, ... vérifier si toutes les pièces y sont.

c. Puis .... les disposer dans l'ordre d'usage.

d. Surtout, (ne pas) .... brûler les étapes.

e. .... suivre le process comme indiqué.

f. Bref, ... être systématique et patient.

Écrit et civilisation

1. Lisez le texte et faites les activités.

Eliott Sarrey, le Google Kid français

À 14 ans le collégien lorrain du Collège Jules-Ferry, à Neuves-Maisons, a décroché le prix « Incubateur » de Google. Son robot-potager l'a distingué de milliers d'autres candidats de tous horizons.

Sur le moteur de recherche Google, son nom arrive avant celui d'Eliot Ness, le héros des « Incorruptibles ». Ça fait rire Eliott Sarrey, 14 ans, le petit « Frenchie » en tee-shirt à l'effigie d'Androïd, qui a décroché le prix « Incubateur » au concours international Google Science Fair pour son Bot2karot. L'engin, à l'état de prototype, posé sur un buffet de la salle à manger familiale à Marion, près de Nancy, est un robot-ménagé piloté à partir d'un smartphone.

Le 20 septembre, Eliott et son père, Michaël, se sont envolés pour la Californie. Direction le campus de Google à Montain View où « *il y a des vélos partout, de la nourriture à volonté et, le soir, on joue au beach volley* ». Il a côtoyé des ingénieurs venus du monde entier et sympathisé avec Stevie qui travaille lui aussi sur les robots maraîchers et dont il aimerait bien qu'il soit son mentor. [...] Eliott s'est retrouvé en vase clos avec les autres participants. Sur des stands, ils ont présenté leurs interventions respectives, dans une salle de l'hôtel aménagée à cet effet, avant de passer un grand oral devant le jury composé de personnes extérieures à Google.

Dans son sac à dos, l'adolescent qui rêvait d'Amérique rapporte un an de mentorat, un chèque de 10 000 dollars et son trophée, une « *chouette coupe en Lego* » aux couleurs de Google. « *On ne sait pas encore trop si le mentorat, c'est pour m'aider à terminer le robot ou pour m'encourager sur cette voie, pour m'aider à construire mon avenir.* »

Le chèque, il sait déjà à quoi il va servir : Eliott rêve de passer une année aux États-Unis pour apprendre l'anglais. Il a un peu souffert de la méconnaissance de la langue. [...]

Lancé en 2011 par Google, le concours a un succès fou : des candidats venus de 100 pays, des milliers de projets. [...] Afin de décrocher son billet pour Mountain View, Eliott s'est mis la pression. Trois mois pour tout boucler. Il a aussi mis à contribution son entourage. Annie, la documentaliste du Collège Jules Ferry de Neuves-Maisons (Meurthe et Moselle), lui a ouvert les portes du centre de documentation entre 12 h et 13 h. Les collègues de son père, ingénieur à la Direction des réalisations et des méthodes à Saint-Gobain Pont-à-Mousson, celles du centre de recherches. Sa grand-mère lui a donné des conseils de jardinage, son grand-père lui a révélé les secrets des « *couches en lasagnes* », et son père l'a aidé à remettre en question ses choix. Pendant des mois, il a planché sur son invention ; « *J'ai aussi bossé la nuit. La conception, c'est hyperlong !* ».

L'idée d'automatiser le travail au potager, il l'a eue en voyant des gens jouer au jardinier sur leur smartphone. Passer du virtuel à la réalité, c'était son défi. C'est ainsi qu'est né ce petit robot roulant, équipé d'un bras articulé et de différents outils, pouvant accomplir des tâches au jardin et qu'on pilote avec son téléphone. Le robot est muni d'un arrosoir qui récupère les eaux de pluie, et il est capable de faire des opérations de binage. [...]

À l'heure du triomphe, il pense à Virgile, Mathieu, Jérôme, Florence qui ont guidé ses pas. Et à ceux qui n'ont pas eu les mêmes facilités. « *C'est surtout l'hémisphère Nord qui a envoyé des projets. Tout le monde n'a pas la chance de pouvoir y participer. Il faut déjà avoir accès à Internet* », dit Eliott. Juste heureux. Et même pas la grosse tête.

Monique Raux, *Le Monde*, 2016.

a. Qui est Eliott Sarrey ?

1. Âge : ....

2. Qualité : ....

3. Établissement scolaire fréquenté : ....
....

4. Lieu de résidence : ....
....

b. En quoi consiste le concours Google Science Fair ?
....
....

c. Quel est le nom du prix reçu par Eliott et de quoi est-il fait ?
....
....

d. Décrivez le projet d'Eliott.

1. Nom du projet : ....

2. Naissance de l'idée : ....

3. Réalisation : ....

e. Qui a fait quoi pour l'aider dans la réalisation de ce projet ?

1. Annie : ....

2. Les collègues de son père : ....

3. Sa grand-mère : ....

4. Son grand-père : ....

f. Quels sont maintenant les projets d'Eliott ?
....
....

Vocabulaire

1. Apprenez le vocabulaire.

Casque (n. m.)	Hormone (n. f.)
Marteau-piqueur (n. m.)	Masque (n. m.)
Boîte de nuit (n. f.)	Contrainte (n. f.)
Transcendance (n. f.)	Optimiser v.)
Acouphène (n. m./pl.)	Répartir (v.)
Sifflement (n. m.)	Réduire (v.)
Bouchons d'oreilles (n. m./pl.)	Grave (adj.)
Gage (n. m.)	Aigu (adj.)
Sécrétion (n. f.)	Auditif (adj.)
	Immunitaire (adj.)
	Bizarre (adj.)

2. Vérifiez la compréhension du document audio *Nouveaux comportements et risques auditifs* (Livre de l'élève, p. 80). Écoutez et retrouvez les informations suivantes.

a. Chiffres associés à ces phénomènes...

1. niveau de décibels autorisé pour un baladeur : ....

2. nombre de jeunes menacés de problèmes auditifs selon l'OMS : ....

3. temps passé quotidiennement avec un casque sur les oreilles : ....

b. Troubles constatés...

....

c. Remèdes proposés...

....

d. Mesures de sensibilisation envisagées...

....

3. Vérifiez la compréhension de l'article *Le sommeil assisté par la high-tech* (Livre de l'élève, p. 81). Classez les informations comme suit.

a. Problème identifié : ....

b. Constat : ....

c. Solutions existantes : ....

d. Solution innovante : ....

4. Prendre la mesure. Complétez ces titres avec les verbes de la liste.

surveiller ; répartir ; optimiser ; réduire ; évaluer ; mesurer

a. Présidence : cellule ce crise pour .... la situation.

b. Intervention armée : .... les risques.

c. Croissance économique : .... les indicateurs.

d. Stratégie des entreprises : .... d'abord les résultats.

e. Social, objectif prioritaire : .... le chômage.

f. Budget : .... les coupes budgétaires.

5. Caractériser. Trouvez le contraire.

a. sophistiqué ≠ Une démarche ....

b. inutile ≠ Un choix ....

c. idéal ≠ Une position ....

d. contraint ≠ Une situation ....

e. gênant ≠ Une attitude ....

f. douloureux ≠ Un traitement ....

Grammaire

1. Complétez les réponses en utilisant les constructions négatives (Livre de l'élève, p. 80).

a. – Vous avez terminé le projet ?

→ Non, ...

b. – Qu'est-ce qui vous posent des difficultés ? Le manque d'informations ? La fiabilité des résultats ?

→ ....

c. – Vous voulez des conseils... des aides supplémentaires ?

→ Non, ...

d. – Vous avez besoin de plus de temps ?

→ Non, j'espère ....

e. – Vous pensez avoir encore recours à nos services ?

→ Non, j'espère ....

Oral

N° 26

1. Répondez négativement en utilisant la forme *ni... ni* comme dans l'exemple.

a. – Il n'a pas de téléphone portable ? Il n'a pas Internet ?

→ **Il n'a ni téléphone portable ni Internet.**

b. – Il n'a pas de lave-linge ? Il n'a pas de lave-vaisselle ?

→ ....

c. – Il n'a pas de télévision ? Il n'a pas de lecteur de DVD ?

→ ....

d. – Il n'a pas de machine à café ? Il n'a pas de toaster ?

→ ....

e. – Il n'a pas de cuisinière électrique ? Il n'a pas de four à micro-ondes ?

→ ....

f. – Il n'a pas d'aspirateur ? Il n'a pas de cireuse ?

→ ....

N° 27

2. Écoutez l'interview du cardiologue et faites les activités de compréhension. Retrouvez les informations suivantes.

a. Choix du métier : ....

b. Raison d'être de son métier : ....

c. Ses trois souvenirs les plus forts : ....

d. Ses deux héros : ....

e. Son avenir : ....

Écrit et civilisation

1. Lisez le reportage et faites les activités de compréhension.

L'appli vélo qui vous veut du bien

Il existait déjà des applications dédiées à la pratique cycliste pour mesurer la distance ou la performance comme Strava ou Garmin. L'ancien coureur professionnel Niels Brouzes, 36 ans, et Pierre Cellot, une référence dans les assurances, ont choisi d'explorer une voie nouvelle en lançant début avril Wellness625, la « première application communautaire du bien-être à vélo ». *« C'est d'abord un programme de santé qui s'adresse à tous les pratiquants et usagers, on n'est pas dans le sport et la performance pure »*, explique Brouzes. Cette application se veut novatrice dans trois domaines.

1. La mesure du bien-être

Les concepteurs se sont appuyés sur de nombreux rapports de santé (OMS, Inserm…) qui définissent le seuil de 600 minutes d'activité sportive mensuelle nécessaires *« pour apporter le bien-être de l'être humain »*. Ils l'ont transposé dans la pratique du vélo en mettant en avant l'objectif de 625 minutes par mois. *« C'est le minimum pour atteindre le seuil de bien-être, donc améliorer sa santé. Ça ne*

correspond même pas à 30 minutes par jour ou 2 h 30 par semaine en roulant entre 11 et 33 km/h », explique Brouzes. […] Sur l'application, les statistiques (temps, distance CO_2 économisé, calories brulées, vitesse moyenne) sont sauvegardées. Un algorithme transforme ces données en Ubec (unité bien-être comportemental) qui permet d'acquérir des points et garnir sa cagnotte.

2. La possibilité de faire des économies

C'est le principal aspect nouveau de cette application. *« Dans mon parcours d'assureur, j'ai toujours eu l'idée de récompenser dans le domaine de l'assurance à la personne les gens qui, grâce à la pratique du sport, montrent un comportement responsable et sont en meilleure santé*, explique Pierre Cello. […] *Pour nous, le bien-être, c'est d'abord la liberté, la sécurité et le plaisir. L'important c'est que nos abonnés maîtrisent leurs données, il n'y a pas d'intrusion de notre part dans leur vie privée. »* Concrètement, le capital bien mesuré par les Ubec pourra ainsi

servir à obtenir des réductions sur certains contrats d'assurance de l'ordre de 15 à 30 %. […]

3. L'appartenance à une communauté

« Notre objectif, c'est le partage du bien-être en créant une communauté : le réseau social du vélo », lance Niels Brouzes. Le système de géolocalisation permet de trouver des partenaires qui roulent autour de vous. En cas d'ennui mécanique, le coureur peut envoyer un message à la communauté pour être dépanné. *« Je me suis appuyé sur mon vécu en pensant à toutes les fois où j'ai dû appeler ma femme alors que j'étais en galère dans la pampa »*, sourit Brouzes.

leparisien.fr, Laurent Pruneta, 5 mai 2017.

a. Quelle est la définition et l'intérêt de l'application Wellness625 ?

....

b. Qui sont ses concepteurs ?

....

c. Quels sont les trois domaines dans lesquels l'application se veut novatrice ?

....

d. La mesure du bien-être. Relevez…

1. les objectifs : ....

2. les modalités d'application : ....

e. La possibilité de faire des économies. Relevez…

1. l'intention : ....

2. la réalité des faits : ....

f. L'appartenance à une communauté. Relevez…

1. le nom du réseau social : ....

2. les domaines d'application : ....

Vocabulaire

1. Apprenez le vocabulaire.

Gamin (n. m.)	Piloter (v.) ....
Berge (n. f.)	Gêner (v.) ....
Isolement (n. m.)	Hurler (v.) ....
Grotte (n. f.)	Dégager (v.) ....
Déménagement (n. m.)	Avérer (s') (v.) ....
	Désencombrer (v.) ....
Aune (n. f.)	Contemplatif (adj.) ....
Thérapie (n. f.)	Hermétique (adj.) ....
Bibelot (n. m.)	Anticonsumériste (adj.) ....
Apologie (n. f.)	

2. Vérifiez la compréhension du document vidéo *Un lieu de vie original* (Livre de l'élève, p. 82). Visionnez le reportage et retrouvez les témoignages de Hugues Martel autour de ces mots clés du reportage.

a. Rêver : ....

b. Gamin : ....

c. Contemplatif : ....

d. Isolement : ....

e. Partage : ....

f. Membre supplémentaire : ....

3. Vérifiez la compréhension de l'article *Je range, donc je suis* (Livre de l'élève, p. 83). Complétez les amorces de réflexions, commentaires ou recommandations.

a. L'art du rangement c'est comme ....

b. Désencombrer sa maison peut conduire ....

c. Interroger chaque objet dans le but ....

d. Classer les objets en trois catégories : ....

e. Le thème du rangement rejoint d'autres thèmes très contemporains comme ....

4. Parler de son expérience. Associez une situation et son expression verbale.

a. S'isoler du monde

b. Réaliser un rêve

c. Retourner en enfance

d. S'attacher à un lieu de vie

e. Partager une expérience

f. Se sentir libre de ses mouvements

1. Toujours ramener par la vie à nos jeux de petites filles ou de petits garçons.

2. Aller là où le vent nous pousse.

3. Toujours le désir de ne pas vivre une histoire seul.

4. Découvrir que c'est ici que l'on s'enracine.

5. Il y a toujours un Robinson qui sommeille.

6. Y croire très fort, la meilleure chance que ça devienne vrai.

5. Du verbe au substantif. Complétez.

Rapport à soi

a. s'isoler → Il aspire de tout son être à cet ....

b. réaliser → Il vit ça comme la .... d'un vieux rêve.

c. retourner → C'est comme un .... aux origines.

d. s'attacher → Il parle toujours de son .... aux racines.

e. partager → Il prône les valeurs de ....

f. se sentir → Il a le .... qu'il n'a plus qu'à saisir ce qu'il a toujours désiré.

6. Surprise ou indifférence **? Qu'est-ce qu'ils expriment quand ils disent... ? Cochez.**

	SURPRISE	INDIFFÉRENCE
a. Ce n'est pas possible ! Il nous avait pourtant prévenus.	❑	❑
b. Tu vois ce que je vois... Je n'en crois pas mes yeux !	❑	❑
c. Il peut dire ce qu'il veut... Je n'en ai rien à faire !	❑	❑
d. Il a déjà fait le coup... On s'y attendait...	❑	❑
e. Vous plaisantez ? Il n'a quand même pas osé...	❑	❑
f. Et alors ? Il n'y a rien de nouveau dans tout ça...	❑	❑

7. Complétez les expressions avec les verbes de la liste.

se délivrer ; ranger ; désencombrer ; classer ; mettre de l'ordre ; dégager

a. .... dans ses pensées.

b. .... des perspectives.

c. .... les arguments.

d. .... des idées toutes faites.

e. .... son cerveau.

f. .... sous les lois.

Grammaire

1. Mettre en valeur. **Reformulez les phrases en utilisant la construction passive. Commencez par le mot en gras.**

a. C'est l'architecte Jean Nouvel qui a dessiné **les plans de la Philarmonie de Paris**.

→ **Les plans de la Philarmonie de Paris ont été dessinés par l'architecte Jean Nouvel.**

b. Le président de la République a inauguré **le nouveau bâtiment**.

→ ....

c. On a donné **le nom du compositeur et chef d'orchestre Pierre Boulez** à la grande salle.

→ ....

d. On a choisi **plusieurs orchestres, dont Les Arts florissants de William Christie**, pour résider à la Philarmonie.

→ ....

e. Pour son premier concert dans la nouvelle salle, l'Orchestre de Paris a joué **des œuvres de Fauré, Ravel et Dutilleux**.

→ ....

f. L'acoustique de la nouvelle salle a ravi **les premiers spectateurs**.

→ ....

2. Utilisez la forme (*se***) *faire* + infinitif en commençant par la personne représentée par le mot en gras.**
Fragilité

a. Une psychologue a conseillé **David** pour le traitement à suivre.

→ ....

b. Un médecin a fait l'ordonnance de **David**.

→ ....

c. On **lui** a prescrit beaucoup de repos.

→ ....

d. Pendant sa convalescence, on a convoqué **les collaborateurs de David** pour faire avancer le projet.

→ ....

e. Les collègues de **David** l'ont aidé pour le suivi du projet.

→ ....

Oral

 1. Utilisez *se faire* comme dans l'exemple.

N° 28   **a.** Un cuisinier a livré le menu du repas de mariage de Ludovic et Laura.

→ **Ludovic et Laura se sont fait livrer le repas de mariage par un cuisinier.**

b. Une créatrice de mode a conseillé Laura pour le choix de la robe de mariée.

→ ....

c. On lui a dessiné le modèle de la robe.

→ ....

d. Pendant les préparatifs, on a livré le matériel du DJ.

→ ....

e. Les amis de Ludovic l'ont aidé pour l'aménagement de la salle.

→ ....

f. Une amie fleuriste a fait la décoration florale de la cérémonie de mariage de Ludovic et Laura.

→ ....

 2. Mettre en valeur comme dans l'exemple.

N° 29   **a.** Le design de ce meuble a séduit Hugo.

→ **Hugo a été séduit par le design de ce meuble.**

b. Un ami d'Hugo avait repéré ce meuble dans une boutique.

→ ....

c. Une revue de design avait présenté ce meuble dans son nouveau numéro.

→ ....

d. Hugo a obtenu un rabais sur le prix.

→ ....

e. Une amie a aidé Hugo pour l'installation du meuble.

→ ....

f. Hugo a aussi repéré deux fauteuils dans la revue de design.

→ ....

Vocabulaire

1. **Apprenez le vocabulaire.**

Trottinette (n. f.)	Émettre (v.)
Chaussée (n. f.)	Éviter (v.)
Freinage (n. m.)	Déplorer (v.)
Casque (n. m.)	Dissuader (v.)
Livraison (n. f.)	Passer (se) (v.)
Gamme (n. f.)	S'en mordre les doigts
Vernis (n. m.)	Attendre à (s') (v.)
Bavure (sans)	Impeccable (adj.)
Bémol (n. m.)	Comblé (adj.)
Raccourci (n. m.)	Prétentieux (adj.)
Dénivelé (n. m.)	Homogène (adj.)
Impolitesse (n. f.)	Épuisé (adj.)
Grossièreté (n. f.)	Époustouflant (adj.)
Bousculer (v.)	
Compliquer (v.)	

2. **Vérifiez la compréhension de l'audio (Livre de l'élève, exercice 3, p. 84).**
Relevez les expressions de la satisfaction ou de l'insatisfaction.

a. Satisfaction : ....

b. Insatisfaction : ....

3. Lisez les deux commentaires pages 84 et 85. Relevez toutes les expressions qui implicitement ou explicitement marquent la satisfaction ou l'insatisfaction.

a. Satisfaction : ....

....

b. Insatisfaction : ....

....

4. Caractériser. **Trouvez le contraire.**

a. Un esprit léger ≠ ....

b. Un raisonnement dangereux ≠ ....

c. Une solution pratique ≠ ....

d. Un objet encombrant ≠ ....

e. Une pensée révolutionnaire ≠ ....

f. Un air prétentieux ≠ ....

5. EXPRESSION D'UNE ATTITUDE. **Formez des adjectifs et des adverbes.**

a. prétention → .... ; ....

b. grossièreté → .... ; ....

c. honnêteté → .... ; ....

d. générosité → .... ; ....

e. sincérité → .... ; ....

f. politesse → .... ; ....

6. SATISFAIT / INSATISFAIT. **Qu'est-ce qu'ils expriment quand ils disent... ? Cochez.**

	SATISFAIT	INSATISFAIT
a. C'est parfait. Il ne manque rien.	❐	❐
b. Ça me convient parfaitement.	❐	❐
c. Plus jamais ça !	❐	❐
d. Quelle déception ! Je ne m'attendais vraiment pas à ça.	❐	❐
e. Soyez-en sûr. On reviendra !	❐	❐
f. On ne m'y reprendra pas !	❐	❐

7. DE L'IDÉE À L'OBJET. **Mettez les verbes du processus dans l'ordre.**

concevoir ; créer ; fabriquer ; avoir une idée ; planifier ; imaginer

a. ....

b. ....

c. ....

d. ....

e. ....

f. ....

COMPRÉHENSION DE L'ORAL

N° 30

Répondez aux questions en cochant la ou les bonnes réponses.

1. Pour se renseigner, il faut...
a. ❑ consulter les journaux spécialisés genre *L'Autojournal*.
b. ❑ aller sur les sites spécialisés de comparaison de prix.
c. ❑ éviter les sites des constructeurs.

2. Négocier, c'est...
a. ❑ négocier chez les revendeurs.
b. ❑ négocier tout ce qui peut l'être.
c. ❑ négocier sur un modèle récent qui ne se vend pas bien.

3. L'objectif, c'est obtenir...
a. ❑ 6 % de remise.
b. ❑ 10 % de remise.
c. ❑ 8 % de remise.

4. Oser les voitures de collaborateurs parce que...
a. ❑ c'est un véhicule qui a été acheté à un prix avantageux.
b. ❑ c'est un véhicule qui a été bien entretenu.
c. ❑ c'est un véhicule qui n'a pas beaucoup de kilomètres.

5. Profiter des déstockages, ça veut dire...
a. ❑ préférer un modèle qui ne se vend pas bien.
b. ❑ éviter les sites de constructeurs et d'intermédiaires.
c. ❑ s'assurer au moins 15 % de remise.

6. Passer par les courtiers en ligne...
a. ❑ ils ont tous les modèles.
b. ❑ on peut décider des options.
c. ❑ on gagne 20 à 30 % sur le prix catalogue.

COMPRÉHENSION DES ÉCRITS

Lisez l'article et répondez aux questions.

Sport préféré : l'automesure

Dans l'univers de ces drôles de machines connectées, l'automesure est en passe de devenir un nouveau sport et un nouveau mode de rapport à soi.

Combien de marches, combien d'étages, combien de kilomètres parcourus, smartphone dernier modèle en main et appli à l'appui, Philippe, chaque soir, annonce triomphalement ses performances du jour, les compare à celles de la veille et se fixe des objectifs pour le lendemain...

Jean-Pierre, lui, s'est attaché à mesurer quotidiennement sa performance marathonienne à l'occasion de la visite de la Biennale de Venise... chacun sait que, *per forza*, l'on marche beaucoup à Venise... 20 kilomètres en moyenne parcourus chaque jour en a décidé le compteur de sa montre...

Jusque-là, rien que du mesurable, tout ce qu'il y a de plus évident, immédiat. Mais aujourd'hui, ce goût de la mesure s'est emparé de bien d'autres objets : la tension artérielle, le rythme cardiaque, le taux de glucose ou encore le comptage de la durée des cycles du sommeil, le nombre de cigarettes non fumées, les kilos à perdre ou à prendre, le spectre du mesurable est large et ne demande qu'à s'ouvrir encore.

Et pour cela chacun peut compter sur la batterie de capteurs embarqués dans les objets connectés mis à sa disposition : montres, bracelets, brassards, ceintures, tissus conducteurs... ce n'est qu'un début. On estime en effet que les Français qui disposent aujourd'hui d'un objet connecté disposeront chacun à l'horizon 2020 de trente objets connectés et on peut facilement imaginer que les 23 % possesseurs de cet objet unique deviendront légions à arborer a minima montres, bracelets ou encore lunettes.

Et tout ça avec quel objectif ? Car *in fine*, c'est bien de cela dont il s'agit, « du contrat que l'on passe avec soi-même », contrat sur lequel veille l'application qui le gère, ici *Quantified Self* : « Grâce à *Quantified Self*, explique Emmanuel Gadenne, fondateur de Quantified Self Paris, *vous passez un contrat avec vous-même et confiez à un logiciel le soin d'en vérifier le bon déroulement. [...] Il s'agit d'interactions persuasives qui engagent l'individu à relever les défis, à se lancer dans la compétition, à changer de comportement.* »

Perdre du poids, améliorer sa performance sportive, la santé, le sport sont les premiers domaines à être investis par cette « mesure de soi » qui est autant une mesure qu'une aide à la performance et qu'un rapport à sa propre image.

On ne s'étonnera pas, dès lors, de voir cette automesure prendre des allures compétitives. Une automesure qui donne lieu à comparaison avec d'autres, encouragements, émulation au point « *d'éprouver une petite joie lorsque quelqu'un m'encourage* », comme le confie Isabelle sur le site communautaire Fitbit qui invite amis et proches « *à envoyer des félicitations et à rivaliser dans le classement général* »... qu'il s'agisse de kilomètres parcourus, de calories brûlées ou de nombre de cigarettes non fumées…

Mais attention ! Danger ! Il faut entendre la mise en garde d'Emmanuel Gadenne : « *Ce nouvel écosystème est intrusif. Il nous faut rester vigilants sur les usages abusifs et les éventuels* *détournements qui pourraient en être faits.* » Eh oui, la dépendance, l'usage compulsif, la fétichisation de l'objet sont là qui veillent et menacent. Un conseil : stressés ou anxieux, passez votre chemin !

Le français dans le monde n° 403, Jean-Jacques Paubel.

1. Comment définir l'automesure ?
a. ❑ Un nouvel outil compétitif
b. ❑ Une nouvelle pratique compulsive
c. ❑ Un nouveau mode de rapport à soi

2. Qu'est-ce qu'ont en commun les pratiques de Philippe et de Jean-Pierre ?
....

3. À quoi s'étend aujourd'hui le goût de la mesure ?
....

4. Quels sont les types d'objets connectés que chacun peut embarquer avec soi aujourd'hui ?
....

5. À quelle réalité correspondent ces chiffres ?
a. 30 : .... **b.** 23 % : ....

6. Dites si ces affirmations, à propos de *Quantified Self*, sont vraies ou fausses.

	VRAI	FAUX
a. *Quantified Self* est une application qui permet de passer un contrat avec soi-même.	❑	❑
b. *Quantified Self* est une application qui laisse le libre choix à son utilisateur.	❑	❑
c. *Quantified Self* est d'abord une aide à la performance.	❑	❑

7. Quels sont les dangers d'un tel mode de mesure de soi ?
....

PRODUCTION ORALE

Vous dégagerez le problème soulevé par le document ci-dessous. Vous présenterez votre opinion sur le sujet de façon argumentée.

Pour ou contre les cartes de fidélité ?
Sachant que 96 % des Français sont accros de ces cartes et en ont au moins cinq ; que 81 % les utilisent vraiment dont 43 % avec une forte fréquence ; que 19 % ne les utilisent pas ; que les 2/3 des cartes n'atteignent pas leur objectif à cause de l'oubli ou des délais ; que la moitié des clients ne se sentent pas plus privilégiés que ça notamment parce que les cartes trop diffusées ne sont pas différenciantes ; qu'enfin elles sont perçues, par les plus méfiants, comme une vraie intrusion dans la vie privée.

PRODUCTION ÉCRITE

Le commerce sur Internet se développe souvent au détriment du commerce traditionnel.
Est-ce un phénomène que vous constatez aussi dans votre pays ? Vous-même, pratiquez-vous l'achat en ligne ?
Quels en sont pour vous les avantages et les inconvénients ?
Exposez votre point de vue dans un texte argumenté de 250 mots environ.

Unité 6 - Leçon 1 - Faire un constat sur la société

Vocabulaire

1. Apprenez le vocabulaire.

Prescription (n. f.)	Blocage (n. m.) ....
Législation (n. f.)	Navigation (n. f.) ....
Épanouissement (n. m.)	Pseudonyme (n. m.) ....
Scolarisation (n. f.)	Concocter (v.) ....
Acquis (n. m.)	Relativiser (v.) ....
Sondage (n. m.)	Valoriser (v.) ....
Tolérance (n. f.)	Mobiliser (v.) ....
Xénophobie (n. f.)	Enregistrer (v.) ....
Permissivité (n. f.)	Consulter (v.) ....
Rigorisme (n. m.)	Intermittent (adj.) ....
Incivilité (n. f.)	Migratoire (adj.) ....
	Confidentiel (adj.) ....

2. Vérifiez la compréhension de l'article *Les valeurs des Français* (Livre de l'élève, p. 90). L'article est construit sur des opinions, observations qui sont en permanence nuancées ou pour lesquelles on donne l'observation ou l'opinion qui nuance ou s'oppose. Voici le premier ou le second terme. Trouvez l'autre.

a. Être autonome. ≠ **Ne pas obéir à des préceptes tout faits.**

b. Se concocter une petite philosophie. ≠ ....

c. Individualisation. ≠ ....

d. Valoriser le travail. ≠ ....

e. Développement de l'intérêt pour les affaires publiques. ≠ ....

f. Vote par devoir. ≠ ....

g. .... ≠ Égalité entre citoyens ; maintien des acquis sociaux.

h. .... ≠ Rigorisme des comportements.

i. .... ≠ Demande d'ordre.

3. De la caractérisation avec l'adjectif à l'identification d'un phénomène et d'une idéologie par le substantif. Complétez.

a. individuel → **individualisation** → **individualisme**

b. libéral → .... → ....

c. moral → .... → ....

d. collectif → .... → ....

e. social → .... → ....

f. égalitaire → .... → ....

4. Trouvez le contraire.

a. individuel ≠ Une morale ....

b. tolérant ≠ Un propos ....

c. critique ≠ Un article ....

d. altruiste ≠ Un comportement ....

e. permissif ≠ Des mœurs ....

f. libéral ≠ Une attitude ....

5. QUALITÉS ET DÉFAUTS. Définissez. Associez.

a. la bonté

b. le désintéressement

c. la tolérance

d. l'égoïsme

e. l'indifférence

f. l'intolérance

1. Ne jamais s'occuper des autres ni s'intéresser à eux.

2. Ne pas admettre les manières de penser, d'agir des autres.

3. Ne pas s'intéresser ni être ému par rien ni par personne.

4. Agir sans penser à son intérêt personnel.

5. Manière d'être indulgent et gentil avec les autres.

6. Accepter d'autres manières d'être de la part des autres.

6. USAGES DU DISCOURS. Qu'est-ce qu'il/elle fait quand il/elle dit... ? Complétez.

expliquer ; analyser ; relativiser ; confirmer ; insister ; valoriser

a. Bon, elle a dit ça mais il faut en prendre et en laisser. → ....

b. C'est vraiment très bien ce que vous faites, il faut le faire savoir... → ....

c. Oui, c'est juste, j'ai vérifié, vous avez raison. → ....

d. Je le redis, afin que ça soit bien clair et si certains n'avaient pas compris... → ....

e. Pour mieux vous faire comprendre, je prendrai l'exemple suivant... → ....

f. C'est une situation complexe qui mérite qu'on s'arrête un instant pour essayer de mieux en saisir les tenants et les aboutissants... → ....

Grammaire

1. Répondez affirmativement en utilisant deux pronoms.

a. – Tu as proposé à Laura de venir ?

→ Oui, ...

b. – Elle t'a raconté l'histoire ?

→ Oui, ...

c. – Vous lui avez annoncé la nouvelle ?

→ Oui, ...

d. – Tu m'as apporté le dossier ?

→ Oui, ...

e. – Il lui a présenté sa nouvelle collaboratrice ?

→ Oui, ...

f. – Vous lui avez répété les consignes de travail ?

→ Oui, ...

2. Répondez affirmativement en utilisant deux pronoms.

a. – Tu lui as parlé de son attitude ?

→ Oui, ...

b. – Vous lui avez envoyé des avertissements ?

→ Oui, ...

c. – Tu l'as quand même convié à la réunion ?

→ Oui, ...

d. – Tu vas lui demander des comptes ?

→ Oui, ...

e. – Elle va te faire part de ses souhaits ?

→ Oui, ...

f. – Vous allez l'amener au stage de formation ?

→ Oui, ...

Oral

1. Travaillez vos automatismes. Répondez affirmativement en utilisant deux pronoms : *le, la, les + lui* **et** *en***.**

N° 31   **a.** – Tu as dit à Louis que je viendrai le chercher ?

→ **Oui, je le lui ai dit.**

b. – Tu lui as parlé de la soirée ?

→ Oui, ...

c. –Tu lui as donné les billets ?

→ Oui, ...

d. – Tu lui as proposé un lieu pour le rendez-vous ?

→ Oui, ...

e. – Tu lui as fait des recommandations pour la tenue ?

→ Oui, ...

f. – Tu lui as dit qu'il soit à l'heure ?

→ Oui, ...

2. Travaillez vos automatismes. Répondez affirmativement en utilisant deux pronoms :

N° 32   *me, te vous + le, la, les, en, y***.**

a. – Il vous donnera la solution ?

→ **Oui, il nous la donnera.**

b. – Il te proposera d'entrer dans son équipe ?

→ Oui, ...

c. – Il nous passera les codes d'accès ?

→ Oui, ...

d. – Il vous donnera des accès à ses fichiers ?

→ Oui, ...

e. – Il te donnera des contacts ?

→ Oui, ...

f. – Elle t'expliquera les problèmes ?

→ Oui, ...

3. Travaillez vos automatismes. Répondez affirmativement en utilisant deux pronoms :

N° 33   *lui, leur + en***.**

a. – Il leur fait des cadeaux ?

→ **Oui, il leur en fait.**

b. – Il lui offre des bijoux ?

→ Oui, ...

c. – Elle lui demande des petits services ?

→ Oui, ...

d. – Elle leur a proposé des rendez-vous ?

→ Oui, ...

e. – Il leur a conseillé des lieux ?

→ Oui, ...

f. – Elle lui envoie des SMS ?

→ Oui, ...

Vocabulaire

1. Apprenez le vocabulaire.

Bénévole (n. m./f.)	....	Nominer (v.) ....
Don (n .m.)	....	Protester (v.) ....
Cargo (n. m.)	....	Alerter (v.) ....
Atteinte (n. f.)	....	Amputer (v.) ....
Collecter (v.)	....	Caritatif (adj.) ....
Récolter (v.)	....	Humanitaire (adj.) ....
Dépêcher (v.)	....	Fulgurant (adj.) ....
Affréter (v.)	....	

2. Vérifiez la compréhension de l'article *Le youtubeur Jérôme Jarre récolte plus d'un million de dollars pour la Somalie* **(Livre de l'élève, p. 92). Faites correspondre les informations à ces données.**

a. 15 mars : ....
b. un million de dollar : ....
c. 1,3 million d'abonnés : ....
d. 1,753 million de dollars : ....
e. 60 tonnes de nourriture : ....
f. 27 mars : ....
g. 2 000 litres d'eau : ....

3. Vérifiez la compréhension du document sonore de l'exercice 7 (Livre de l'élève p. 93). Écoutez. Notez les informations suivantes.

a. Objectif de la grève : ....
b. Nom des associations : ....
c. Signification de la date et de l'heure : 7 novembre 16 h 34 mn 7 s : ....
d. Nombre de grévistes : ....
e. Soutiens à l'initiative : ....

4. Trouvez des synonymes aux verbes suivants.

a. collecter → ....
b. dépêcher → ....
c. affréter → ....
d. nominer → ....
e. rassembler → ....
f. lancer → ....

5. Utilisez les substantifs de la liste qui expriment la quantité dans des emplois imagés. Plusieurs emplois sont possibles.
un besoin ; un déficit ; un manque ; un trop plein ; une absence ; une perte

Des quantités de sentiments

a. .... d'amour.
b. .... de tendresse.
c. .... de considération.
d. .... d'affection.
e. .... de sens.
f. .... de mélancolie.

6. Trouvez le contraire.

a. un déficit ≠ ....

b. un besoin ≠ ....

c. un trop plein ≠ ....

d. une absence ≠ ....

e. une perte ≠ ....

f. un manque ≠ ....

Grammaire

1. **Relevez comment Jérôme Jarre est successivement désigné dans l'article de la page 92 du livre de l'élève.**

....

2. **Relisez l'encadré, page 93 du Livre de l'élève, sur *La cohérence du récit.* Complétez de manière à rattacher ce dont on va parler à ce que l'on vient de dire. Faites les reprises des mots en gras.**

a. **Jeanne Moreau** est **décédé** le 31 juillet 2017. .... a ému les cinéphiles du monde entier. .... laisse une filmographie mythique.

b. **Patrick Modiano** est Prix Nobel de littérature. .... a reçu son Prix en 2014. .... de *Dora Bruder* a remercié l'Académie par un discours très émouvant.

c. Les syndicats ont **négocié** toute la nuit avec la direction. .... s'avère **difficile**. .... portent notamment sur le nombre de licenciements acceptables.

d. Pierre **a offert** à **son filleul** un casque pour écouter ses musiques préférées. .... de **Pierre** a été très apprécié par Léo. .... a remercié très chaleureusement ....

e. L'économie française a enregistré une croissance de **0,5 %** au 2e trimestre 2017. .... est conforme aux prévisions des **analystes**. .... avaient en effet tablé sur une croissance en glissement de 1,5 %.

Écrit et civilisation

1. Lisez l'article et faites les activités.

Robin Renucci, Ambassadeur de la « réserve citoyenne de l'Éducation nationale »

Acteur convaincu et engagé, Robin Renucci a accepté d'être l'un des premiers « ambassadeurs de la réserve citoyenne de l'Éducation nationale » qui permet d'accorder plus de place à l'engagement citoyen aux côtés de l'École.

Pourquoi l'Éducation nationale vous a-t-elle demandé d'être le premier ambassadeur de la réserve citoyenne ?

Depuis vingt ans le ministère soutient le travail que nous menons à l'Association des rencontres internationales artistiques (Aria) située en Corse et que je préside. Je suis un militant acharné de l'éducation populaire et de l'éducation artistique et culturelle. […]

Quel est ce travail soutenu par le ministère ?

Nous avons créé un lieu qui reçoit toute l'année, particulièrement lors d'un stage de vingt-huit jours, des participants de tous horizons, dont des enseignants du 1er et 2e degré. Autour d'un projet théâtral, l'enseignant enrichit sa faculté à prendre la parole et à diriger des débats et échanges citoyens, au sens où les élèves sont encouragés à faire preuve de discernement et d'esprit critique.

Votre mission d'ambassadeur, en quoi consiste-t-elle concrètement ?

Récemment, j'étais au lycée Paul-Vaillant Couturier à Cergy-Pontoise, auprès d'une classe terminale, son enseignant et un conseiller principal d'éducation. Nous étions réunis dans un grand cercle. Pendant deux heures, j'ai mené un travail autour de la parole. Cela commence par un exercice de souffle en orchestre jusqu'à trouver une expiration commune, puis un arrêt d'expiration, puis une entrée d'air, etc. Je dépose ensuite un sac ouvert où l'on vient piocher et lire à voix haute un texte fort d'un auteur. Très vite, la parole singulière de l'élève, son souffle, sa voix, est libérée. Parfois ce sont les plus démunis ou marginaux de la classe qui font le plongeon, se disant qu'on leur parlera pas toujours ainsi dans une attention qui n'est pas évaluée, notée… On voit alors briller des pépites, avec des élèves qui font des choses magnifiques.

Vous militez pour que dire fasse partie des fondamentaux scolaires aux côtés de lire, écrire et compter...

La prise de parole est un élément démocratique que l'on a oublié. Pas celle de l'élève-roi au sein de la classe. Celle qui consiste à argumenter et passer du bavardage à la parole, à se faire entendre surtout quand on n'est pas d'accord ou en cas de conflit pour aller du polemos à l'agôn, de la guerre à la disputation. Être capable d'écouter, être dialectique…

Il me semble que c'est aussi la place de l'école d'apprendre à évoluer de la pulsionnalité à la symbolicité.

La langue, notre objet commun, comme barrage contre la violence et l'intolérance...

Je crois profondément que le monde d'une personne s'arrête aux frontières de son langage. On cherche à tricoter une citoyenneté au sein de la classe, mais quand on passe à cette capacité de dialogue, victoire ! C'est la trilogie « égalité, liberté, fraternité » qui se joue dans ces espaces de prise de parole. Égalité : chacun a sa place, on accorde confiance dans ce que l'autre peut apporter. Liberté : la conscience d'être soi et de respecter totalement ce que l'on peut croire dans un esprit laïc se travaille avec les autres dans la conversation. Fraternité : l'élément oublié… que l'on retrouve par le jeu. « *Loin de me léser, Frère, ta différence m'augmente.* » a écrit Saint-Exupéry. Aujourd'hui, plus que jamais, nous ne devons pas relâcher notre effort pour réparer ce que la société de consommation produit : désunir les gens. Une éducation par l'art contribue à changer de monde.

Propos recueillis par Isabella Guardiola, *Valeurs mutualistes*, magazine des adhérents de la Mutuelle Générale de l'Éducation Nationale (MGEN), janvier 2016.

a. Qui est Robin Renucci ? ....

b. En quoi consiste le stage que son association anime chaque année ? ....

c. Comment parvient-il à « libérer » la parole des participants ? ....

d. Pourquoi *dire* lui paraît aussi important que *lire, écrire* et *compter* ? Dites si ces raisons sont vraies ou fausses.

	VRAI	FAUX
1. La prise de parole est un élément démocratique.	☐	☐
2. Savoir argumenter, passer du bavardage à la parole.	☐	☐
3. Se faire entendre par tous les moyens, ceux de la guerre des mots comme ceux de la discussion argumentée.	☐	☐

e. Qu'apporte, dans le dialogue, la trilogie « égalité, liberté, fraternité » ?

....

Vocabulaire

1. Apprenez le vocabulaire.

Atout (n. m.)	Tension (n. f.) ....
Collectif (n. m.)	Souverainiste (n. m.) ....
Métèque (n. m.)	Providence (n. f.) ....
Fléau (n. m.)	Rétablissement (n. m.) ....
Slogan (n. m.)	Augmentation (n. f.) ....
Char (n. m.)	Contrecarrer (v.) ....
Sans-papier (n. m.)	Fédérer (v.) ....
Illégalité (n. f.)	Ruminer (v.) ....
Insertion (n. f.)	Râler (v.) ....
Abolition (n. f.)	Découler (v.) ....
Épargne (n. f.)	Exercer (v.) ....
Accès (n. m.)	Déséquilibrer (v.) ....
Contrevenant (n. m.)	Massif (adj.) ....

2. Vérifiez la compréhension de la séquence audio *La Grande Parade Métèque* (Livre de l'élève, p. 94). Écoutez. Dites si ces affirmations sont vraies ou fausses.

	VRAI	FAUX
a. L'association « Un sur Quatre » est un collectif d'habitants de Seine-Saint-Denis.	☐	☐
b. *La Grande Parade Métèque* est un carnaval qui fête les différences.	☐	☐
c. L'objectif de cette fête est de contredire les idées fausses sur l'immigration.	☐	☐
d. L'immigration n'est pas un fléau, c'est un facteur de réussite.	☐	☐
e. En France, 16 % des Français ont un parent d'origine étrangère.	☐	☐
f. Dans *La Grande Parade Métèque*, chacun se range derrière un slogan commun.	☐	☐
g. Chacun est libre de construire les représentations qu'il veut donner du thème qu'il désire illustrer.	☐	☐
h. *La Grande Parade*, ce n'est pas de râler, c'est de faire la fête autour de cette idée : « On est tous des métèques ».	☐	☐

3. Vérifiez la compréhension de l'article *Et si on abolissait les frontières ?* (Livre de l'élève, p. 95). Lisez et faites l'itinéraire de compréhension.

a. Identifiez les incidences de la suppression du passage aux frontières sur...

1. les sans-papiers : ....

2. les passeurs : ....

b. Retrouvez les attentes espérées d'un meilleur partage supposé des ressources.

....

c. Listez les résistances à l'abolition de la fin des frontières.

....

....

4. Voici les verbes, trouvez les substantifs.

a. abolir → .... des frontières.

b. accueillir → .... des réfugiés.

c. sélectionner → .... des candidats.

d. harmoniser → .... des conditions de concurrence.

e. augmenter → .... des capacités d'accueil.

f. déséquilibrer → .... dans l'accès au marché du travail.

5. Trouvez le contraire et complétez les expressions.

a. la légalité ≠ Se mettre dans ....

b. l'équilibre ≠ .... dans les conditions d'accès aux richesses.

c. la diminution ≠ .... du nombre de demandeurs d'asile.

d. l'abolition ≠ .... de législations restrictives.

e. la disparition ≠ .... des contrôles aux frontières.

f. la menace ≠ .... représentée par l'arrivée de compétences concurrentes.

6. DÉCRIRE UNE ATTITUDE. Trouvez le sens. Associez.

a. râler

b. ruminer

c. craquer

d. se tracasser

e. frimer

f. se dégonfler

1. Se vanter, se faire admirer.

2. Manquer de courage.

3. S'effondrer.

4. Repenser sans arrêt à quelque chose.

5. Se faire du souci.

6. Manifester sa mauvaise humeur.

7. Qu'est-ce qu'ils font quand ils disent... ? et dans quel domaine ?

menacer ; fédérer ; rappeler ; défendre ; mobiliser ; contrecarrer

a. Allez les gars, cette fois on va gagner et c'est tous ensemble ! → .... ; ....

b. Eh bien non, désolé, ça ne se passera pas comme vous l'aviez imaginé... moi, j'ai un autre plan.
→ .... ; ....

c. Vous le savez bien, vous accusez à tort mon client... → .... ; ....

d. Politiquement ça ne peut plus durer, il est temps que nous unissions nos forces...
→ .... ; ....

e. Si tu veux la guerre, tu l'auras... mais pense aux enfants... → .... ; ....

f. Je vous renvoie au cours de la semaine dernière, à la définition que j'ai donné de ce phénomène.
→ .... ; ....

Oral

N° 34

1. Écoutez le reportage et répondez aux questions.

a. Nom du lieu : ....

b. Situation : ....

c. Particularité : ....

d. Histoire : ....

e. Jours d'ouverture : ....

f. Nom et objectifs de l'association : ....

g. Type d'activités : ....

Écrit et civilisation

1. Lisez l'article. Faites les activités.

Les jeunes en quête d'une autre citoyenneté

La scène n'aura pas duré plus de deux minutes. Dans la station de métro Assemblée nationale, une poignée de jeunes habillés en jaune et violet, les couleurs du mouvement « Allons enfants », ont sorti le matériel de leur sac. Ont déroulé une banderole de papier indiquant « maison de retraite » avant de la coller sur le mur carrelé du quai. Des agents de la RATP sont venus l'arracher illico. C'était il y a seulement quelques semaines.

Caméra au poing, Antoine, 21 ans, a tout enregistré. Cela aura fait le « buzz » sur Internet : le mouvement fait campagne contre le cumul des mandats et la meilleure représentation des jeunes en politique. Ces militants en herbe sont pour la plupart originaires de l'Ouest parisien et se disent « apolitiques ». Ils ont commencé à faire parler d'eux en 2014 à Saint-Cloud, aux dernières élections municipales, en devançant le PS avec 14,37 % des voix. […]

Rupture avec les partis classiques, forme séduisante, organisation en réseau plutôt qu'en hiérarchie pyramidale, envie de démocratie participative… il y a là toutes les marques de la jeunesse investie en politique, note Anne Muxel, chercheuse au Cevipof et spécialiste du comportement électoral. « *Le rapport des jeunes à la politique se forme à un moment où l'abstention tend à se légitimer, et où la défiance envers les institutions se renforce* », explique-t-elle. Le lien au vote aussi a changé. « *Il est davantage perçu comme un droit qu'un devoir. Les jeunes veulent bien se mobiliser, à condition qu'on leur laisse de la place* », poursuit la politologue.

Selon un récent sondage réalisé pour les Apprentis d'Auteuil, 74 % des 18-25 ans affirment que des mesures ciblées sur leur génération influenceraient leur vote. Leurs attentes concernent d'abord la lutte contre le chômage (pour 70 % d'entre eux), loin devant l'accès au logement (33 %), la lutte contre le décrochage scolaire (31 %) ou le développement des études en alternance (26 %).

Sans prise en compte de ces préoccupations, c'est la culture contestataire qui émerge, y compris à droite. […] Loin de partager les idées du mouvement Nuit debout, Xavier, 24 ans, ce diplômé de Sciences-Po Lille retrouve toutefois un trait générationnel. « *Sur tout l'échiquier politique, il y a cette impression d'être un peu les sacrifiés. Il y a aussi cette envie de trouver des solutions pour faire avancer les choses* », explique-t-il.

Chez une minorité de jeunes pourtant, la défiance envers les institutions l'emporte sur tout. « *Certains s'inscrivent dans une stratégie délibérée de sortie du système électoral au profit d'autres modes d'expression* », confirme Anne Muxel. C'est le cas de Valentin, Lyonnais de 24 ans. […] Cuisinier de métier, il va en habitat intergénérationnel, fait partie du mouvement Colibris de Pierre Rabhi, investit son argent dans une monnaie locale, privilégie le troc… « *Ma citoyenneté, je l'exprime autour de chez moi, dans mon mode de vie et ma façon de consommer et c'est tout* » explique-t-il.

C'est le paradoxe : engagement et participation électorale ne vont plus systématiquement de pair. […]

Jean-Baptiste François, *La Croix*, 26 mai 2016.

a. Comment s'appelle le mouvement ? Quelle a été son action sauvage ? Comment l'ont-ils fait connaître ?

....

b. Qui visaient-ils avec leur banderole : « maison de retraite » ?

....

c. Quelles sont les marques de la jeunesse investie en politique ?

....

d. Lisez le compte-rendu du sondage sur les attentes des 18-25 ans. À quoi correspondent ces chiffres ?

1. 70 % : ....

2. 33 % : ....

3. 31 % : ....

4. 26 % : ....

e. Lisez les deux témoignages de Xavier (Lille, 24 ans) et Valentin (Lyon). Dites si ces affirmations sont vraies ou fausses.

	VRAI	FAUX
1. Les jeunes ont le sentiment d'être les sacrifiés.	❏	❏
2. Ils ne croient pas à la volonté de trouver des solutions pour faire avancer les choses.	❏	❏
3. La citoyenneté, ça peut aussi être un mode de vie, une façon de consommer.	❏	❏

Vocabulaire

1. **Apprenez le vocabulaire.**

Prestataire (n. m.) ....
Défenseur (n. m.) ....
Détracteur (n. m.) ....
Garde-fous (n. m./pl.) ....
Affinité (n. f.) ....
Intermédiaire (n. m.) ....
Plate-forme (n. f.) ....

Auto-entrepreneur
(n. m.) ....
Adhérent (n. m.) ....
Cotiser (v.) ....
Bouquiner (v.) ....
Précaire (adj.) ....
Déstabilisé (adj.) ....

2. **Vérifiez la compréhension du forum *L'économie collaborative en question* (Livre de l'élève, p. 96). Retrouvez les propos qui témoignent des avantages et des inconvénients de la liste.**

a. Prix avantageux : ....

b. Liberté de choix : ....

c. Possibilité de rencontres : ....

d. Hors système de protection sociale : ....

e. Précarité : ....

f. Pas de contraintes sauf celles que l'on se fixe : ....

g. Relation entre client et prestataire : ....

h. Accessibilité rendu possible à des services et loisirs pour des petits revenus : ....

i. Déstabilisation du modèle économique : ....

3. **Vérifiez la compréhension du document vidéo *La ferme Urbaine* (Livre de l'élève, p. 97). Complétez avec les informations du reportage.**

a. La REcyclerie, c'est ....

b. La ferme, c'est ....

c. L'association compte .... et chaque vendredi ....

d. Dans le potager...

1. on cultive ....

2. on respecte ....

3. on associe ....

4. Les gens du quartier ....

5. C'est un espace où les gens viennent ....

6. C'est important de sensibiliser les enfants ....

4. **Visionnez le reportage vidéo. Notez tous les mots qui évoquent...**

a. des légumes : ....

b. des fruits : ....

c. des plantes : ....

d. des animaux : ....

5. Chassez l'intrus.

a. cher – avantageux – économique

b. auto-entrepreneur – travailleur au noir – salarié

c. précarité – sécurité de l'emploi – contrat

d. client – prestataire – entrepreneur

e. défenseur – détracteur – accusateur

f. collaboratif – partage – sauvage

g. plate-forme – entreprise – site

h. affinité – liberté – contrainte

6. Relevez, dans la présentation de *La REcyclerie* (Livre de l'élève, p. 97), tous les mots qui évoquent l'idée du nom du lieu.

....

....

7. Voici des verbes liés aux activités de *La REcyclerie*. Employez-les dans un sens imagé. Puis indiquez le substantif.

semer ; se reposer ; racheter ; cultiver ; consommer ; réparer

a. .... ses relations. → ....

b. .... son crédit vis-à-vis d'une personne. → ....

c. .... un affront. → ....

d. .... la discorde. → ....

e. .... sur ses lauriers. → ....

f. .... ses fautes. → ....

Grammaire

1. INTRODUIRE DES ARGUMENTS. **Remplacez les mots en gras par des expressions de la liste.**

D'une part... ; d'autre part... ; de plus ; en dernier lieu ; ensuite ; tout d'abord

Économie du partage. Promesses.

a. En premier lieu, nous veillerons à créer les conditions pour la mise en œuvre d'une économie du partage.

→ ....

b. Par ailleurs nous accompagnons les initiatives qui touchent des projets participatifs.

→ ....

c. En outre nous continuons à soutenir des initiatives citoyennes qui ont fait leur preuve.

→ ....

d. D'un côté ces initiatives sont pour nous des références sur ce qu'il faut faire et ne pas faire. **De l'autre,** ces initiatives sont assurées de leur pérennité.

→ ....

e. Enfin si nous obtenons les financements nécessaires, nous créerons une maison de l'économie du partage où chacun pourra donner et recevoir.

→ ....

2. Assurez la cohérence du texte à l'aide des liens logiques de la liste.

de plus ; enfin ; en effet ; en premier lieu ; au départ ; alors ; en second lieu

Choisir un métier

.... Mathieu cherchait un travail en lien avec ce qu'il aimait : le sport et la médecine. Il souhaitait exercer un métier qui lui permette d'articuler savoir et pratique. Le métier de kinésithérapeute s'est .... imposé à lui. .... cette profession offre de nombreux avantages : .... une certaine mobilité, ... une liberté appréciable, ... une grande autonomie : on ne subit pas la pression d'une hiérarchie. ...., c'est un métier qui offre un véritable lien entre pratique sportive, pratique sociale de proximité et médecine.

Écrit et civilisation

1. **Lisez l'article et faites les activités.**

Un monde à partager

Au début des années 2000, il est devenu évident qu'Internet allait évolutionner nos façons de consommer. Il suffisait de constater la fulgurante réussite d'eBay, site mondial de vente aux enchères entre particuliers. En 2004, neuf ans à peine après sa création, le site comptait 135 millions de membres, tour à tour vendeurs et acheteurs dans le plus vaste vide-greniers de la planète. Comme si toute l'humanité avait attendu ce moment où chacun pourrait entrer en relation avec l'autre… Matérialisée par les notes sur les transactions que vous effectuez, la confiance cimente les échanges dans ce nouveau monde. Le système a fait école, au point qu'en 2010, l'experte en économie collaborative, Rachel Botsman en a tiré la conclusion de sa première conférence Ted : « *La confiance est notre nouvelle monnaie sociale. Grâce à elle, vous pourrez conclure des affaires, sans elle, vous serez exclu.* »
Fort de cette confiance communautaire, des milliers de personnes voyagent à bas coût en pratiquant le covoiturage, en sautant d'un canapé à l'autre ou en échangeant leur maison, le temps d'un séjour. La garde des animaux n'est plus un souci, puisque des communautés se rassemblent sur ce thème. Les propriétaires de jardins sont aussi à la fête. Contre de menus travaux, ils hébergent des campeurs occasionnels. D'autres réalisent leur rêve de potager en trouvant un volontaire qui va l'entretenir contre une partie de la production. […] Pour la viande, vous pourrez rejoindre une communauté d'acheteurs afin de limiter le gaspillage. En effet, les bêtes ne sont abattues qu'au moment où leur viande a été totalement prévendue, sous la forme de lots à congeler. Les Associations pour le maintien d'une agriculture paysanne (AMAP) procèdent de la même façon, en unissant producteurs et consommateurs dans une quête de fruits et de légumes authentiques et locaux. […]
Et si la solution était l'horizontalité des échanges où chacun est à la fois producteur et consommateur ? Beaucoup d'entrepreneurs de la nouvelle économie tournent le dos aux banques. Pour financer leur développement, ils préfèrent

s'appuyer sur la foule des prêteurs anonyme, via des sites de financement participatif (crowdfunding).
Parlons aussi de la voiture, qui passe la majeure partie de son temps à nous attendre, immobile. Ici encore, les entrepreneurs collaboratifs ne manquent pas d'imagination : covoiturage et auto-partage sont des pratiques en pleine expansion, au bénéfice de l'environnement. La jeune génération, née avec Internet est la force motrice de ce changement civilisationnel. Le partage, à ses yeux, est une évidence. Une nécessité aussi car ces nouvelles pratiques abaissent le coût de la vie. Pour autant 30 % des Français ont besoin d'être rassurés avant de se lancer dans des pratiques communautaires. […]

Philippe Tarnier, *MAIF Magazine,* janvier 2015.

a. **Décrivez le modèle économique symbolisé par eBay.**

....

b. **Selon Rachel Botsman, quel est le moteur de ce modèle ? Comment se matérialise-t-il ?**

....

c. **Dites si ces domaines, qui font partie de l'économie de la confiance et du partage en développement, sont évoqués dans l'article. Cochez les bonnes réponses.**

	OUI	NON
1. covoiturage	☐	☐
2. autopartage	☐	☐
3. financement participatif	☐	☐
4. atelier collaboratif	☐	☐
5. échange de maison	☐	☐
6. logement chez le particulier en échange de services	☐	☐
7. bureaux partagés	☐	☐
9. achat des légumes et de la viande directement au producteur	☐	☐
10. café communautaire	☐	☐

d. **Qu'est-ce que le financement participatif ?**

....

e. **Pourquoi la jeune génération est-elle la force motrice du développement de cette économie du partage ?**

....

Vocabulaire

1. Apprenez le vocabulaire.

Légalisation (n. f.) .... | Restituer (v.) ....
Vote (n. m.) .... | Relancer (v.) ....
Délinquance (n. f.) .... | Concéder (v.) ....
Résistance (n. f.) .... | Désenclaver (v.) ....
Percement (n. m.) .... | Heurter (se) (v.) ....
Coût (n. m.) .... | Contaminer (v.) ....
Expropriation (n. f.) .... | Dynamiser (v.) ....
Aménagement (n. m.) .... | Incantatoire (adj.) ....
Préjudice (n. m.) .... | Hostile (adj.) ....
Désertification (n. f.) .... | Occulte (adj.) ....
Autosuffisance (n. f.) .... | Acquis (adj.) ....
Nuisance (n. f.) .... | Accessible (adj.) ....
Gigantisme (n. m.) .... | Séduisant (adj.) ....
Reléguer (v.) .... | Fertile (adj.) ....
Aborder (v.) .... | Viable (adj.) ....
Émettre (v.) .... | Alternatif (adj.) ....

2. Vérifiez la compréhension des quatre articles de la page 98. Pour chaque article remplissez la grille suivante.

	Article 1	Article 2	Article 3	Article 4
Non du projet				
Arguments pour				
Arguments contre				

3. FAVORABLE / HOSTILE. Classez la liste des mots suivants dans l'une ou l'autre catégorie.

soutenir ; approuver ; empêcher ; encourager ; nuisible ; opposer ; opportun ; contraire ; mauvais ; avantageux ; dommageable ; faciliter ; néfaste ; propice ; défavoriser ; entraver.

a. favorable → ....

b. hostile → ....

Grammaire

1. EXPRIMER LA CONSÉQUENCE. Reliez les causes et les conséquences en utilisant l'expression ou le verbe entre parenthèses.

Équilibre écologique

a. Les températures montent. La production baisse. (*provoquer*)

→ ....

b. On utilise des méthodes traditionnelles de culture. La qualité des récoltes augmente. (*entraîner*)

→ ....

c. Certaines plantes sont astucieusement mélangées dans le jardin. Les plantes les plus fragiles résistent mieux. (*permettre*)

→ ....

d. Les pesticides sont utilisés massivement. La résistance naturelle des plantes et des arbres est plus faible. (*rendre* + adjectif)

→ ....

e. Les plantations respectent le rythme des saisons. Il n'y a pas de tomates en décembre. (*empêcher*)

→ ....

Oral

N° 35

1. Écoutez la discussion entre deux étudiants en histoire de l'art à propos de la création du musée du Louvre-Abou Dhabi. Faites les activités suivantes.

« À la suite d' accords passés entre la France et l'Émirat d'Abou Dhabi un musée nommé Louvre-Abou Dhabi devrait être inauguré en 2018. Le Louvre prêtera à ce musée 300 de ses œuvres pour dix ans ainsi que des expositions temporaires pendant 15 ans.

Il assurera, par ailleurs, de son expertise les acquisitions qui seront faites par le Louvre-Abou Dhabi. Cette exportation de la culture française ne fait pas l'unanimité. »

a. Lisez la présentation du Louvre-Abou Dhabi. Dites si ces affirmations sont vraies ou fausses.

	VRAI	FAUX
1. Le Louvre va donner des œuvres à un émirat du Golfe.	❏	❏
2. Le Louvre va coopérer avec un musée d'Abou Dhabi.	❏	❏
3. Le Louvre va prêter des collections pour une durée limitée.	❏	❏
4. Il y a une unanimité sur ce projet.	❏	❏

b. Dites si les phrases suivantes correspondent aux idées d'Olivier.

	OUI	NON
1. Olivier n'est pas d'accord pour que des experts français travaillent pour un musée étranger.	❏	❏
2. Il pense qu'un musée doit présenter surtout les œuvres produites dans le pays.	❏	❏
3. Il admet qu'on peut aussi y présenter des œuvres de pays de culture proche.	❏	❏
4. Le Louvre et les musées français ont besoin d'argent.	❏	❏
5. Il est d'accord pour des échanges entre musées publics et privés.	❏	❏

c. Dites si les phrases suivantes correspondent aux idées d'Amélie.

	OUI	NON
1. Elle pense que les musées devraient rendre les œuvres à leur pays d'origine.	❏	❏
2. Elle est pour que l'on ouvre au prêt les collections qui ne sont pas exposées.	❏	❏
3. Elle compare l'exportation des œuvres d'art à celle du cinéma, de la musique, de la danse.	❏	❏
4. Elle est gênée par le fait que certaines collections privées prêtent des tableaux.	❏	❏
5. Elle y voit une occasion de faire rayonner notre culture.	❏	❏

COMPRÉHENSION DE L'ORAL

N° 36 Écoutez le reportage et répondez aux questions en cochant (x) la bonne case.

1. Les « boîtes utiles » permettent d'échanger objets et vêtement.

☐ VRAI ☐ FAUX ☐ ON NE SAIT PAS

2. Une « boîte utile », c'est un kiosque.

☐ VRAI ☐ FAUX ☐ ON NE SAIT PAS

3. C'est une idée venue de Berlin relayée par Gaëlle, fondatrice de l'association « Nous and CO ».

☐ VRAI ☐ FAUX ☐ ON NE SAIT PAS

4. La « Nizannerie » est une association de quartier qui existe depuis 2014.

☐ VRAI ☐ FAUX ☐ ON NE SAIT PAS

5. Cette boîte utile a été construite par la municipalité du quartier de l'Île de Nantes.

☐ VRAI ☐ FAUX ☐ ON NE SAIT PAS

6. La « boîte utile » est une aide pour beaucoup de familles.

☐ VRAI ☐ FAUX ☐ ON NE SAIT PAS

7. C'est une idée qui est spécifique à Nantes.

☐ VRAI ☐ FAUX ☐ ON NE SAIT PAS

8. La condition pour qu'une boîte marche, c'est qu'elle soit jolie.

☐ VRAI ☐ FAUX ☐ ON NE SAIT PAS

COMPRÉHENSION DES ÉCRITS

Lisez l'article et répondez aux questions.

Les bonnes actions du monde culturel

Opéra, danse, théâtre... Les innovations pour toucher et sensibiliser des publics dits « éloignés » de la pratique artistique fleurissent partout en France. Et le succès est au rendez-vous.

Samedi, ils seront plus de 200 enfants originaires de toute la région Haut-de-France, à se produire sur la scène de l'Opéra de Lille, dans le cadre des journées Tous à l'Opéra ! Âgés de 8 à 12 ans, tous font partie du projet Finoreille. Une action de sensibilisation et d'initiation à l'art vocal qui s'adresse à des populations éloignées de la musique classique, pour des raisons sociales, culturelles ou géographiques. En clair, des enfants de quartiers défavorisés ou de cités de grandes villes, comme Lille ou Dunkerque, mais aussi de déserts ruraux qui n'ont le plus souvent aucun accès à la culture.

À l'origine du projet, un établissement culturel, l'Opéra de Lille. [...]

Au-delà de ses ambitions culturelles et de son travail de sensibilisation, qui passe par des ateliers au sein d'écoles, sur le temps périscolaire, dans des maisons de quartier ou des centres sociaux, Finoreille participe chaque année à des projets de grande ambition artistique. En 2015, ses enfants étaient à l'affiche du *Monstre du labyrinthe*, opéra participatif de Jonathan Dove vu quelques mois plus tôt au Festival international d'art lyrique d'Aix-en-Provence. L'an prochain, ce sera un nouvel opéra d'Arthur Lavandier, avec le prestigieux ensemble Le Balcon : *La légende du Roi Dragon*, d'après un conte coréen.

[...] Au-delà des projets bien identifiés que sont, par exemple, les orchestres Démos, qui initient les enfants des cités ou des quartiers à la pratique instrumentale et orchestrale, d'innombrables actions sont proposées à longueur d'année à destination des publics dits éloignés ou empêchés. Public des quartiers défavorisés, des zones d'éducation prioritaire, des hôpitaux ou des prisons. [...]

Pour faire entrer dans la danse ces amateurs qui n'y connaissaient rien et n'avaient jamais posé un pied à Versailles, Hervé Sika, chorégraphe hip-hop, leur a demandé d'imaginer des gestes pour aller à la rencontre du roi ! L'histoire a si bien pris, que les mères des Mureaux, les premières sensibilisées au projet, ont jeté leurs enfants dans la danse. Catherine Pégard, présidente de l'établissement public du château de Versailles, a trouvé un mécénat pour financer le trajet entre Les Mureaux et les jardins de Louis XIV où la troupe improvisée sera venue trois fois répéter et se produire. Le projet dure sur deux ans. En 2018, il s'ouvrira au ballet de cour. « *Il faut créer une relation forte entre ceux qui font le projet et ceux qui y participent ; il ne s'agit pas d'une visite d'une heure et demie mais d'une véritable prise de possession des lieux* », dit-elle.

Pour tous les organismes culturels, la démarche est la même. Il s'agit par le relais d'associations ou de collectivités locales de toucher des publics éloignés de la culture par le champ social ou la maladie. « *Les enfants des Mureaux vont devenir des ambassadeurs de Versailles. L'enjeu est d'ouvrir le château au plus grand nombre et de le faire avec les mots des autres qui trouveront comment en parler à leurs pairs*, explique Catherine Pégard, qui, inlassablement cherche des mécènes pour financer ce type d'opérations. *C'est une urgence de l'époque, qui prend une acuité particulière à travers le manque de repères que l'on perçoit dans l'éducation artistique.* » […]

Ariane Bavelier, Thierry Hilleriteau, *Le Figaro*, 2 mai 2017.

1. Quels sont les objectifs des bonnes actions du monde culturel ?

....

2. En quoi consiste le projet Finoreille ?

....

3. Quelle est sa réalisation la plus spectaculaire ?

....

4. Cochez les affirmations exactes.

a. L'Opéra de Lille est à l'origine du projet. ❏

b. L'opéra organise des ateliers au sein d'écoles, dans des maisons de quartier ou des centres sociaux. ❏

c. Finoreille a porté deux projets à forte ambition artistique : *Monstre du labyrinthe*, opéra participatif de Jonathan Dove et l'opéra, *La légende du Roi Dragon* d'Arthur Lavandier. ❏

5. Quels sont les objectifs des orchestres Demos ?

....

6. Dites si ces affirmations sont vraies ou fausses.

	VRAI	FAUX
a. Hervé Sika est un chorégraphe hip-hop qui anime un projet danse à Versailles.	❏	❏
b. C'est Catherine Pégard qui a trouvé le mécénat qui a permis la réalisation du projet.	❏	❏
c. Les enfants des Mureaux vont devenir des ambassadeurs de Versailles.	❏	❏

PRODUCTION ORALE

Vous dégagerez le problème soulevé par le document ci-dessous. Vous présenterez votre opinion sur le sujet de façon argumentée.

Engagement associatif ou engagement politique ?
Face à un tissu associatif généreux, foisonnant, incroyablement vivant, couvrant tous les domaines de la vie sociale, culturelle, sportive ou festive, témoignant d'un engagement fort, concerné et responsable notamment dans le domaine de la santé (lutte contre le cancer, le sida, les maladies dégénératives), de la solidarité (les fameux « restos du cœur ») ou de l'action humanitaire, l'engagement politique et syndical est extrêmement faible et entaché de méfiance vis-à-vis des syndicats et des partis politiques. Tout se passe comme si l'initiative citoyenne concrète, visible primait sur la mobilisation politique et syndicale.

PRODUCTION ÉCRITE

Les sols, l'eau, l'air : la pollution affecte l'ensemble de notre environnement. Sans parler des pollutions sonore ou visuelle... Quelle est la pollution qui vous insupporte tout particulièrement ? Pour quelles raisons ? Quelle analyse en faites-vous et quelles solutions vous semble-t-il possible de mettre en œuvre ?

Exposez votre point de vue dans un texte argumenté de 250 mots environ.

Unité 7 - Leçon 1 - Faire le point sur ses compétences

Vocabulaire

1. Apprenez le vocabulaire.

Digitalisation (n. f.) ....

Pénurie (n. f.) ....

Automatisation (n. f.) ....

Numérisation (n. f.) ....

Inadéquation (n. f.) ....

Défi (n. m.) ....

Contrebalancer (v.) ....

Découler (v.) ....

Avertir (v.) ....

Requis (adj.) ....

Bloqué (adj.) ....

Disponible (adj.) ....

Divorcé (adj.) ....

**2. Vérifiez la compréhension du document *Top 10 des compétences attendues en 2020* (Livre de l'élève, p. 104).
Retrouvez les informations associées à ces verbes.**

a. mettre en garde → ....

b. prouver → ....

c. contrebalancer → ....

d. entraîner → ....

e. répondre → ....

f. faire évoluer → ....

g. développer → ....

 **3. Vérifiez la compréhension du document audio de l'exercice 7 (Livre de l'élève, p. 105).
Reconstituez le parcours et les souhaits d'évolution de carrière de Stéphanie.**

a. Études : ....

b. Situation de famille : ....

c. Emploi occupé : ....

d. Compétences : ....

e. Autres activités : ....

f. Proposition : ....

4. Trouvez des synonymes.

a. la pénurie → .... de personnel.

b. la transition → .... à la dématérialisation des supports.

c. l'inadéquation → .... au marché.

d. le défi → .... du changement.

e. l'opportunité → .... de se renouveler.

f. l'absence → .... d'enjeu.

5. Caractérisez avec les adjectifs de la liste. Complétez.

gestionnaire ; souple ; décideur ; discipliné ; coopératif ; inventif

a. Elle sait tenir sa classe ; elle est ....

b. Il est toujours prêt à donner un coup de main ; il est ....

c. Elle sait conduire ses affaires ; elle est bonne ....

d. Il a toujours une solution d'avance ; il est ....

e. Elle sait s'adapter à toutes les situations ; elle est ....

f. C'est elle qui à la fin prend la décision ; elle est la personne ....

6. Trouvez l'adjectif contraire.

Elle a un caractère...

a. coopératif ≠ ....

b. décideur ≠ ....

c. gestionnaire ≠ ....

d. inventif ≠ ....

e. souple ≠ ....

f. discipliné ≠ ....

Grammaire

1. COMPARER AVEC UNE IDÉE DE PROGRESSION. Reformulez les phrases en utilisant l'expression entre parenthèses.

a. Les mois passent. On la voit de moins en moins. (*au fur et à mesure que*)

→ ....

b. Elle devrait venir. Raison supplémentaire : elle est en vacances. (*d'autant plus que*)

→ ....

c. Elle vieillit. Elle fuit davantage les gens. (*plus... plus*)

→ ....

d. Elle voyage beaucoup. On la voit moins. (*plus... moins*)

→ ....

e. On la voit peu. Elle ne donne pas de ses nouvelles. (*d'autant moins que*)

→ ....

f. Avant elle aimait aller au restaurant ; aujourd'hui elle préfère rester chez elle. (*autant... autant*)

→ ....

2. Utilisez les expressions de la liste avec « plus » et « moins ». Complétez.

au moins ; de plus en plus ; en plus ; plus ou moins ; sans plus ; tout au plus...

– Alors ce voyage ?

– Magnifique ! .... on l'a fait dans des conditions idéales.

– Tu as toujours autant envie de voyager ?

– .... ! J'ai même déjà programmé un voyage « aventure » dans deux mois.

– Vous serez nombreux ?

– Je ne sais pas mais pour ce type de voyage, en général on est .... 15.

– Tu tombes toujours avec des gens sympas ?

– .... La dernière fois le groupe s'est divisé en deux. L'un peu aventurier ;

mais l'autre .... il aimait bouger.

– Vous allez faire beaucoup de kilomètres la prochaine fois ?

– Pas tant que ça, ... 500 kilomètres dans le désert !

– Mais c'est énorme !

Écrit et civilisation

1. Lisez l'article et faites les activités.

Ma thèse en 180 secondes

Trois minutes et pas une seconde de plus, pour résumer trois ans de travail. C'est le défi des 16 doctorants francophones sélectionnés dans huit pays pour la deuxième édition de la finale internationale du concours « Ma thèse en 180 secondes (MT180) ». [...]

Le principe est simple : sur scène devant un public diversifié, loin des assemblées universitaires dont ils ont l'habitude, des doctorants ont trois minutes pour présenter leur sujet de thèse dont l'intitulé est souvent incompréhensible pour le profane. [...] Toute la saveur de ce concours réside dans ce décalage des sujets de recherches extrêmement précis et la concision imposée aux candidats par le laps de temps réduit qui leur est alloué. [...]

Au-delà du spectacle, « *ce concours est l'occasion d'évoquer ce qu'est la thèse pour le grand public* », explique Cédric Villani, célèbre mathématicien français, médaille Fields 2010 et président du jury de cette édition, ainsi que « *sa place dans la société française* ».

Pour ce chercheur mondialement reconnu, c'est l'occasion de « *remettre les thésards sur le devant de la scène* ». Pour les trois finalistes français, MT180 est une réelle opportunité de présenter leurs travaux.

C'est même « *la moindre des choses*, pour Alexandre Artaud, doctorant à l'université de Grenoble. *Il y a un devoir de regard de la société sur la recherche, à cause des financements publics.* » Rachida Brahim, sa concurrente, estime que « *le savoir est un bien commun et qu'il est normal de partager ce que l'on a eu le luxe de faire pendant trois ans.* »

Certains critiques pointent néanmoins l'aspect superficiel du concours, et son format : les trois minutes accordées au thésard ne leur permettraient pas d'expliquer concrètement leur travail. « *C'est vrai qu'en trois minutes on n'a pas le temps de dire grand-chose* » admet Gregory Pacini, le troisième finaliste français, quand Alexandre Artaud explique faire « *plus de spectacle que de médiation scientifique.* » « *En trois minutes, c'est sûr que la forme compte*

autant que le fond, mais il n'est pas non plus négligé » tempère Cédric Villani. « *On ne décernera pas de prix de thèse à une thèse creuse mais bien présentée.* » Le président du jury voit dans le concours « *un intermédiaire entre quelque chose de sérieux et de divertissant.* » [...]

Alexandre Artaud a décidé, lui, de « *participer au concours par défi, celui de la prise de parole en public. Lorsque je présente ma thèse, je parle de moi et des doctorants en général en comparaison avec le comportement d'un électron. C'est écrit comme un sketch. L'humour est important. Il permet de décrisper l'a priori que le public a sur les thésards.* » Rachida Brahim voulait, elle, « *apprendre à communiquer auprès du public. Cela fait partie de notre métier : il faut partager ce sur quoi on a travaillé pendant trois ans avec l'argent public.* » Quant à Gregory Pacini, il voulait « *le faire pour l'exercice d'écriture, le défi de concision extrême tout en restant didactique et accessible.* »

Paul de Coustin, *lefigaro.fr*, 30 septembre 2015.

a. Quel est le principe du concours « Ma thèse en 180 secondes » ? ....

b. Qui est le président du Jury de ce concours ? ....

c. Quel est pour lui l'intérêt de cette compétition ? ....

d. Attribuez à chacun de ces chercheurs la justification de leur participation à cette manifestation.

	ALEXANDRE ARTAUD	RACHIDA BRAHIM
1. « Il y a un devoir de regard de la société sur la recherche, à cause des financements publics. »	❏	❏
2. « Le savoir est un bien commun et il est normal de partager ce que l'on a eu le luxe de faire pendant trois ans. »	❏	❏

e. Dites si ces affirmations sont vraies ou fausses.

	VRAI	FAUX
1. En 3 minutes on n'a pas le temps de dire grand-chose.	❏	❏
2. C'est plus une médiation scientifique qu'un spectacle.	❏	❏
3. C'est un intermédiaire entre quelque chose de sérieux et de divertissant.	❏	❏

f. Pour chacun des thésards, ce concours représente un défi. Lequel ?

1. Alexandre Artaud : ....   **3.** Gregory Pacini : ....

2. Rachida Brahim : ....

Vocabulaire

1. Apprenez le vocabulaire.

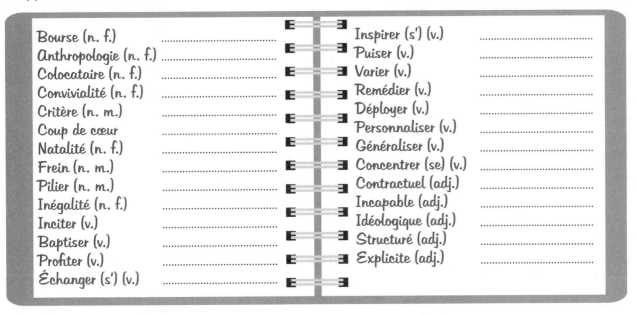

Bourse (n. f.) ....
Anthropologie (n. f.) ....
Colocataire (n. f.) ....
Convivialité (n. f.) ....
Critère (n. m.) ....
Coup de cœur ....
Natalité (n. f.) ....
Frein (n. m.) ....
Pilier (n. m.) ....
Inégalité (n. f.) ....
Inciter (v.) ....
Baptiser (v.) ....
Profiter (v.) ....
Échanger (s') (v.) ....

Inspirer (s') (v.) ....
Puiser (v.) ....
Varier (v.) ....
Remédier (v.) ....
Déployer (v.) ....
Personnaliser (v.) ....
Généraliser (v.) ....
Concentrer (se) (v.) ....
Contractuel (adj.) ....
Incapable (adj.) ....
Idéologique (adj.) ....
Structuré (adj.) ....
Explicite (adj.) ....

2. Vérifiez la compréhension du document audio _Le programme d'échange Erasmus_ (Livre de l'élève, p. 106). Écoutez. Cochez la bonne réponse.

a. En 1987, les Européens décident...
☐ **1.** de verser des bourses pour inciter les jeunes à voyager.
☐ **2.** de faire voyager les étudiants étrangers dans leurs pays.

b. Le programme s'appelle _Erasmus_ parce que...
☐ **1.** c'est une initiative de la Hollande.
☐ **2.** c'est le nom d'un philosophe humaniste hollandais.

c. Marine Moulin a passé...
☐ **1.** six mois à Barcelone.
☐ **2.** six mois à créer le club Erasmus de la capitale.

d. Ce qui a le plus plu à Marine Moulin, c'est...
☐ **1.** de vivre la même aventure que dans le film _L'auberge espagnole_.
☐ **2.** de se découvrir une nouvelle famille, grecque, chypriote, espagnole, catalane...

e. Yana Todorova vient de...
☐ **1.** Sofia en Bulgarie.
☐ **2.** de la Cité universitaire au Sud de Paris.

f. Yana Todorova...
☐ **1.** fait sa thèse de doctorat sur les musées de Paris.
☐ **2.** prépare un guide touristique sur les musées de Paris.

g. Le dernier musée que Yana Todorova a visité c'est...
☐ **1.** le musée Victor Hugo.
☐ **2.** le musée Rodin.

h. Il y a aujourd'hui...
☐ **1.** 3 millions de bébés Erasmus.
☐ **2.** 1 million de bébés Erasmus.

3. Vérifiez la compréhension de l'entretien *Réformer l'école* (Livre de l'élève, p. 107). Lisez. Faites les activités.

a. Qui est Jean-Michel Blanquer ? ....

b. Retrouvez les trois causes des mauvais résultats du système éducatif français.

1. Cause politique : ....

2. Cause idéologique : ....

3. Cause médiatique : ....

c. Indiquez les trois piliers sur lesquels s'appuyer pour changer les choses.

....

d. Associez chaque pilier à un exemple.

1. Expérience : ....

2. Comparaisons internationales : ....

3. Sciences cognitives : ....

e. Quelles préconisations correspondent à chacun de ces niveaux d'enseignement ?

1. École élémentaire : ....

2. Collège : ....

3. Apprentissage : ....

4. PRÉCONISER. Complétez avec les verbes de la liste.

généraliser ; personnaliser ; déployer ; se concentrer ; remédier ; puiser

a. .... aux erreurs.

b. .... sur l'essentiel.

c. .... une expérimentation réussie.

d. .... les équipes.

e. .... dans l'expérience.

f. .... les parcours.

5. DU VERBE AU SUBSTANTIF. Complétez.

a. remédier → ....

b. se concentrer → ....

c. généraliser → ....

d. déployer → ....

e. puiser → ....

f. personnaliser → ....

6. QUALITÉS ET DÉFAUTS. Trouvez le contraire.

Un étudiant...

a. appliqué ≠ ....

b. assidu ≠ ....

c. réfléchi ≠ ....

d. persévérant ≠ ....

e. discipliné ≠ ....

f. constant ≠ ....

Oral

1. Écoutez le micro-trottoir. Répondez aux questions en cochant les bonnes réponses.

N° 37

a. ❒ **1.** Pauline a l'esprit logique mais n'aime pas la matière.

b. ❒ **1.** Michel ne comprend rien de ce que raconte Cédric Villani.

c. ❒ **1.** Mourad a eu de bons profs qui lui ont fait aimer la logique.

d. ❒ **1.** Constance aime les maths car c'est logique comme la musique.

❒ **2.** Elle a eu de bons profs.

❒ **2.** Michel n'oubliera jamais d'avoir été humilié par un prof de maths.

❒ **2.** Mourad aurait aimé en faire son métier.

❒ **2.** Les profs savaient faire aimer la logique.

Écrit et civilisation

1. Lisez l'article et faites les activités.

Quand les élèves améliorent leur école...

S'approprier son cadre de vie scolaire et l'améliorer. De l'école primaire au collège, ils ont vécu cette expérience.

Des « ambassadeurs de paix » règlent les conflits

« [...] *On n'est pas obligé d'aimer tout le monde,* convient Mickaël, 15 ans, *mais chacun peut donner son point de vue. Cela devient plus facile de vivre ensemble.* » Savoir écouter l'autre, utiliser les mots plutôt que les poings, voilà ce que depuis 10 ans, les élèves apprennent de la 5e à la 3e au collège Sainte-Marie, à Saint-Jean de Luz (64). L'association MédiActeurs a formé les enseignants qui, à leur tour, forment les élèves volontaires à raison d'1 heure tous les 15 jours. En 5e, le programme est axé sur la connaissance de soi et de l'autre, en 4e, sur la technique de médiation et en 3e, ceux qui veulent deviennent « ambassadeurs de la paix ». À deux ou trois, ils aident les élèves à formuler leurs désaccords et à trouver une solution qui convienne à tous : « *Ces jeunes médiateurs sont à tour*

de rôle de permanence, prêts à intervenir à la demande sur des disputes, explique l'éducatrice Maider Landes. *Dans 95 % des cas, le conflit est réglé. Les élèves en sortent grandis. Ils se sont parlé au lieu de s'agresser, sans l'intervention des adultes. Ils y ont gagné une capacité d'écoute et l'ambiance en classe s'est améliorée.* »

Un jardin et tout le monde respire

« *Ce jardin, on l'a créé nous-mêmes et ça fait envie à tout le monde. Les élèves des autres classes voulaient tous nous aider à planter les arbustes et les fleurs. Aujourd'hui, il y a des roses, des bambous, des chèvrefeuilles. C'est trop beau !* » s'exclame Emma, 9 ans. Et pourtant... le quotidien était

devenu irrespirable à l'école Comble-Blanche, à Lyon : 15 classes en plein centre-ville, près des axes routiers, et des travaux toute l'année. « *Le bruit des marteaux piqueurs, la poussière... Les enfants de ma classe de CE1 étaient malheureux !* », se souvient Virginie Ruppin. Une fatalité ? Pourquoi ne pas tenter de transformer l'établissement avec des moyens simples ? Végétaliser la cour de récréation, construire un hôtel à insectes, un jardin aromatique, un potager... les CE1 en rêvaient. « *Nous avons visité le Parc de la Tête-d'Or, un laboratoire d'horticulture, et travaillé autour du végétal et des couleurs,* raconte l'enseignante. *Les enfants ont choisi les plantes. Ils n'en revenaient pas de voir leurs idées se concrétiser !* » Deux ans plus tard, le jardin est devenu un support de travail et de curiosité pour tous, un poumon vert dans l'école. Les parents notent un regain de motivation chez leurs enfants. « *Certains sont transformés* », confie même l'institutrice.

Version Femina, n° 703, Anne Lamy.

a. Retrouvez pour chaque témoignage les informations suivantes.

	Témoignage 1	Témoignage 2
Nature de l'expérience		
Problème à résoudre		
École et lieu		
Type de classe		

b. Notez pour chaque expérience comment s'est fait la répartition du travail.

1. Ambassadeurs de la paix : ....

2. Un jardin pour respirer : ....

c. Pour chaque expérience, quelles conclusions en tirent les animatrices de ces expériences ?

1. Maider Landes : ....

2. Virginie Ruppin : ....

d. Qu'est-ce que les élèves ont retenu de ces expériences ?

1. Mikaël, 15 ans : ....

2. Emma, 9 ans : ....

Unité 7 - Leçon 3 - Augmenter ses performances

Vocabulaire

1. Apprenez le vocabulaire.

Hiérarchisation (n. f.) ....   Optimiser (v.) ....

Arborescence (n. f.) ....   Restituer (v.) ....

Registre (n. m.) ....   Subdiviser (v.) ....

Muscler (v.) ....   Irradiant (adj.) ....

2. Vérifiez la compréhension de l'article *Muscler votre cerveau* (Livre de l'élève, p. 108). Cochez la bonne réponse.

a. Pour Monique Le Poncin, la gym du cerveau permet...

❒ **1.** d'avoir de meilleurs résultats économiques.   ❒ **2.** d'optimiser son cerveau.   ❒ **3.** de se passer de sa mémoire.

b. Les techniques pour muscler le cerveau se présentent sous forme...

❒ **1.** d'exercices physiques.   ❒ **2.** d'astuces et de batteries d'exercices.   ❒ **3.** de tests d'évaluation.

c. Les exercices sont des exercices...

❒ **1.** d'observation.   ❒ **2.** d'évaluation.   ❒ **3.** de reproduction.

d. Le « mind mapping » est une activité...

❒ **1.** de hiérarchisation.   ❒ **2.** d'association.   ❒ **3.** de généralisation.

e. Le « mind mapping » est préconisé pour...

❒ **1.** la prise de décision.   ❒ **2.** la pensée créative.   ❒ **3.** le processus de réflexion.

3. Associez les verbes et leur domaine d'emploi.

génétique ; architecture ; sciences ; gestion ; sport

a. entraîner → ....

b. optimiser → ....

c. muscler → ....

d. restituer → ....

e. redresser → ....

f. reproduire → ....

4. Construisez des expressions avec les verbes de la liste de l'exercice 3.

a. .... de mauvaises habitudes.

b. .... en bon état.

c. Se laisser .... sur une mauvaise pente.

d. .... la tête.

e. .... ses résultats.

f. .... son discours.

5 Qu'est-ce qu'on fait quand on dit... ? Associez.

a. Pour moi, c'est une affaire terminée.   **1.** se concentrer

b. Donc tu as décidé de renoncer...   **2.** se cultiver

c. Je crois que j'ai trouvé... ce n'était pas très difficile...   **3.** discerner

d. Je vois bien où il veut en venir...   **4.** deviner

e. Merci de me donner la référence du bouquin.   **5.** classer

f. Tu veux bien te taire ! Tu me troubles.   **6.** déduire

6. Trouvez le substantif de chaque verbe. Complétez.

a. se concentrer → Faux départ ! Il manque de ....

b. deviner → Il ne faut pas être un grand .... pour voir son jeu.

c. se cultiver → Elle est connue pour sa grande ....

d. classer → Il a un esprit de ....

e. discerner → Il manque souvent de ....

f. déduire → Il a compris par simple ....

7. Vérifiez la compréhension du schéma de la carte mentale (Livre de l'élève, p. 109). Associez à chaque fonction son objectif.

a. collecter → ....

b. présenter → ....

c. réfléchir → ....

d. mémoriser → ....

e. synthétiser → ....

f. organiser → ....

8. Trouvez un synonyme pour chacun des verbes du schéma de la carte mentale.

a. collecter → ....

b. présenter → ....

c. réfléchir → ....

d. mémoriser → ....

e. synthétiser → ....

f. organiser → ....

Grammaire

1. EXPRESSION DU BUT. Complétez les phrases avec les mots suivants.

objet ; projet ; finalité ; intention ; objectif ; but

Réformes

a. La baisse du chômage est un des .... du gouvernement.

b. Pour cela, il s'est donné pour .... de réformer le marché du travail.

c. .... de cette réforme est de redonner confiance aux entreprises pour qu'elles embauchent.

d. D'autres mesures, notamment la réforme de la formation professionnelle, sont en ....

e. En proposant cette réforme, le gouvernement a l' .... d'aider les chômeurs à mieux se positionner sur le marché de l'emploi.

f. Les rencontres avec les syndicats ont pour .... de préparer cette nouvelle loi.

2. EXPRESSION DU BUT. Complétez les phrases en utilisant l'expression entre parenthèses.

Un départ compliqué

a. – Elle compte venir nous annoncer son départ ? (*afin de*)

→ Elle viendra nous voir ....

b. – Elle veut vraiment nous faire ses adieux ? (*pour*)

→ C'est elle qui a voulu cette réunion ....

c. – Vous croyez vraiment qu'elle va venir ? (*pour que*)

→ Prions le ciel .... !

d. – Tous les collègues ont été prévenus d'être là ? (*afin que*)

→ Tout a été organisé ....

e. – Un message a été diffusé à tout le monde. Chacun peut se libérer. (*de sorte que*)

→ En effet, un message a été diffusé à tout le monde ....

Oral

1. Écoutez le micro-trottoir. Cochez les cases correspondant aux déclarations des intervenants.

N° 38

Le participant à l'interview...	Chloé	Malek	Sonia	Damien
a. stresse beaucoup.				
b. a des difficultés pour dormir.				
c. n'a plus faim.				
d. a besoin de médicaments.				
e. travaille sans arrêt jusqu'au dernier moment.				
f. fait une pause avant l'épreuve.				
g. fait une pause de temps en temps.				
h. fait une activité physique régulièrement.				
i. travaille en groupe.				

Vocabulaire

1. Apprenez le vocabulaire.

Sacrifices (n. m./pl.) ....

Fondamentaux (n. m./pl.) ....

Chef opérateur (n. m.) ....

Plateforme (n. f.) ....

Laboratoire (n. m.) ....

Procédure (n. f.) ....

Caméra (n. f.) ....

Projecteur (n. m.) ....

Mutation (n. f.) ....

Investissement (n. m.) ....

Impératif (n. m.) ....

Entraide (n. f.) ....

Corporation (n. f.) ....

Compagnon (n. m.) ....

Tailleur de pierre (n. m.) ....

Sculpteur (n. m.) ....

Tapissier (n. m.) ....

Cordonnier (n. m.) ....

Rite (n. m.) ....

Alternance (n. f.) ....

Apprenti (n. m.) ....

Transmission (n. f.) ....

Engranger (v.) ....

Évoluer (v.) ....

Verser (v.) ....

Rémunérer (v.) ....

Réconcilier (v.) ....

Vibrer (v.) ....

Clarifier (v.) ....

Tromper (se) (v.) ....

Performant (adj.) ....

Alternatif (adj.) ....

2. Vérifiez la compréhension de la séquence vidéo _L'école nationale supérieure Louis-Lumière_ (Livre de l'élève, p. 110). Dites si ces informations sont vraies ou fausses.

	VRAI	FAUX
a. L'école Louis-Lumière est spécialisée dans la photographie, le son et le cinéma.	❏	❏
b. L'école Louis-Lumière est une école d'enseignement supérieur gratuite.	❏	❏
c. L'École offre 350 places chaque année.	❏	❏
d. L'École prépare à tous les métiers de l'image, de l'écriture du scénario à la projection.	❏	❏
e. La pédagogie de l'École est très théorique.	❏	❏
f. L'École dispose de très nombreux laboratoires où les chercheurs travaillent et expérimentent avec les étudiants.	❏	❏
g. Côté pratique, les étudiants peuvent réaliser des films.	❏	❏

3. Vérifiez la compréhension de l'article _Des écoles pas comme les autres_ (Livre de l'élève, p. 111). Classez les informations.

	Classes orchestres	Classe coopérative	Sociétés de compagnons
Public			
Objectif			
Modalités d'enseignement			
Pédagogie mise en œuvre			

4. DES MÉTIERS ET DES HOMMES. Qui fait quoi ?

a. Écrit le scénario d'un film. → ....

b. Joue dans l'orchestre. → ....

c. Dirige l'orchestre. → ....

d. Taille la pierre. → ....

e. Sculpte le bois ou la pierre. → ....

f. Tisse les tapisseries. → ....

g. Réalise les décors. → ....

h. Monte le film. → ....

5. De quelle qualité pédagogique parle-ton ? Complétez.

proximité ; autonomie ; confiance ; coopération ; écoute

a. Il est très attentif à ce qu'on lui dit et explique. → ....

b. Dans leur travail, les étudiants trouvent toujours porte ouverte, peuvent solliciter un conseil de la part de leur professeur. → ....

c. Il fait en sorte que les étudiants soient toujours en tandem, en petits groupes. → ....

d. Les étudiants sont amenés à beaucoup réfléchir par eux-mêmes, à faire appel à leur intuition dans la recherche de solutions. → ....

e. Il laisse les étudiants travailler par eux-mêmes ; il ne les surveille pas. → ....

6. FORMER DES EXPRESSIONS. Associez.

a. Clarifier   **1.** d'exercice.

b. Corriger   **2.** en langue.

c. Se tromper   **3.** ses connaissances de vocabulaire.

d. Intégrer   **4.** de nouveaux concepts.

e. Consolider   **5.** un énoncé.

f. Se perfectionner   **6.** une faute.

7. TRANSMETTRE DES SAVOIR-FAIRE. Formez l'expression contraire en changeant le verbe.

a. donner confiance ≠ ....

b. réconcilier avec l'école ≠ ....

c. acquérir des pratiques ≠ ....

d. engranger des talents ≠ ....

e. vibrer d'émotion ≠ ....

Écrit et civilisation

1. Lisez l'article et faites les activités.

Les étudiants s'essaient aux « FabLab »

[…] Imaginé aux États-Unis à la fin des années 1990, au sein du Massachussets Institute of Technology (MIT), le concept de « FabLab » (laboratoire de fabrication) a essaimé un peu partout dans le monde depuis quelques années. Il a notamment fait école dans des incubateurs et dans des universités. Compte-tenu des exigences imposées – notamment d'ouverture au public – pour être membre du réseau du MIT, peu d'établissements ont un véritable FabLab, tel que celui de Cergy-Pontoise. Mais beaucoup s'inspirent du principe. Traditionnellement, les écoles techniques offrent aux étudiants la possibilité d'accéder à des machines professionnelles. Mais aujourd'hui, la demande d'un équipement plus complet émane des étudiants comme des enseignants. La fréquentation du FabLab fait parfois partie d'un cursus validé par des crédits d'enseignement (ECTS). Plus souvent, ces ateliers restent un outil au service des étudiants et de leurs projets.

Au FabLab de Cergy-Pontoise, il faut déposer une bille dans un pot pour notifier sa venue. « *Un peu plus de 10 000 en trois ans d'existence* », précise Adel Kheniche. Il faut dire que les équipements, ouverts à tous, ont de quoi attirer : tours numériques, outils de découpe laser pour tous les matériaux, du cuir au Plexiglas en passant par l'aluminium et le bois. « *On a une expression ici : si tu veux construire une armoire en chêne, tu peux apporter ton chêne et on te prêtera les outils.* » sourit Adel Kheniche.

Mais c'est la multitude d'objets connectés, dont il a permis l'élaboration, qui le distingue : robots téléguidés, veste de cycliste à clignotants au LED, potager urbain qui gère automatiquement l'humidité, la température et l'exposition nécessaires à la croissance des plantes… ou vase numérique, construit de la glaise aux circuits imprimés, par des étudiants en licence pro de développement Web et mobile.

Depuis 2013, le FabLab propose également trois diplômes universitaires en initiation à la fabrication numérique personnelle, en métier de facilitateur et en développement de FabLab. « *À vrai dire nous avons créé ces diplômes pour montrer aux gens qu'ils n'avaient pas besoin de diplômes,* s'amuse Emmanuelle Rous, cofondatrice du lieu. *À travers un véritable apprentissage avec de vrais contenus, nous voulions surtout introduire les étudiants à de nouvelles façons d'apprendre et de se réapproprier les moyens de leurs connaissances.* » Derrière ses airs de club social 2.0 à la convivialité affichée, le FabLab est en réalité un « *objet pédagogique non identifié* », souligne-t-elle. Il s'agit de forger une communauté de savoir où « *tout apprenant devient sachant à son tour* » et partage sa connaissance. […]

Le Monde, Adrien de Tricornot et Matteo Maillard, 4 juin 2015.

a. Où est né le concept de FabLab ? En quoi consiste-t-il ?

....

b. Qu'est-ce qui distingue le FabLab de Cergy-Pontoise ?

....

c. Quel type de matériel les étudiants trouvent-ils au FabLab de Cergy-Pontoise ?

....

d. De quels objets connectés a-t-il permis l'élaboration ?

....

e. Peut-on sortir diplômé du FabLab et en quoi ?

....

f. Quelle est la philosophie d'apprentissage proposée par le FabLab ?

....

Vocabulaire

1. Apprenez le vocabulaire.

Anxiété (n. f.) ....

Découragement
(n. m.) ....

Contrôle (n. m.) ....

Défiance (n. f.) ....

Référentiel (n. m.) ....

Sanction (n. f.) ....

Mal-être (n. m.) ....

Acquis (n. m.) ....

Trou (n. m.) ....

Coupure (n. f.) ....

Catastrophe (n. f.) ....

Consensus (n. m.) ....

Accélération (n. f.) ....

Incarner (v.) ....

Étaler (v.) ....

Résulter (v.) ....

Enchaîner (s') (v.) ....

Planifier (v.) ....

Incontestable (adj.) ....

Infaillible (adj.) ....

Crédible (adj.) ....

Rural (adj.) ....

Cohérent (adj.) ....

Déséquilibré (adj.) ....

Abstrait (adj.) ....

Logique (adj.) ....

2. Vérifiez la compréhension de l'article *Pour un autre système d'évaluation* (Livre de l'élève, p. 112). Retrouvez les informations suivantes.

a. Objectif du système d'évaluation : ....

b. Paradoxe du système : ....

c. Perception des acteurs du système : ....

d. Identification d'autres outils d'évaluation : ....

e. Avantages de ces outils : ....

f. Objectif de ce nouveau type d'évaluation : ....

3. Vérifiez la compréhension du micro-trottoir sur les rythmes scolaires (Livre de l'élève, p. 113). Classez les informations.

	F 1	H 1	F 2	H 2	F 3	H 3	F 4	H 4	F 5
Appréciation générale (+/-)									
Niveau de référence de classe ou d'établissement									
Appréciation particulière par rapport au niveau d'enseignement									
Suggestions									

4. Vérifiez la compréhension du compte rendu de réunion d'une présidente d'association de parents d'élèves (Livre de l'élève, p. 113). Retrouvez sur chaque point évoqué les appréciations et les suggestions.

	Appréciations	Suggestions
a. Programmes		
b. Accélération de l'acquisition des connaissances		
c. Place des mathématiques		
d. Enseignement des langues		

5. CARACTÉRISER. Complétez avec les adjectifs de la liste.

chargé ; hallucinant ; fou ; incohérent ; déséquilibré ; saturé

Rythmes de vie

a. Elle mange n'importe quoi, elle a une alimentation complètement ....

b. Un jour à New-York, deux jours après à Tokyo, il a un rythme de travail totalement ....

c. Rien. Pas de possibilités avant 10 jours, son emploi du temps est ....

d. Beaucoup d'enjeux pour cette visite : elle a un programme ....

e. Il fait des semaines de 60 heures puis il ne travaille pas pendant 10 jours, son emploi du temps est vraiment ....

f. Je ne sais pas comment il fait ; il a une résistance physique proprement ....

6. Qu'est-ce qu'ils expriment quand ils disent... ? Associez.

a. Je ne peux vraiment pas compter sur son aide.

b. Cette fois, j'en ai assez, je n'y arriverai jamais.

c. Pourtant, cette fois, je croyais avoir mis toutes les chances de mon côté...

d. Bon, allez on n'est pas au bout... si on continue comme ça, on ne va jamais y arriver.

e. Et tu crois qu'il va être content ? Moi, je pense que non...

f. Je n'ose même plus me regarder dans une glace... je me dégoûte...

1. une perte de confiance en soi

2. un mal-être

3. du stress

4. de l'anxiété

5. de la défiance envers autrui

6. du découragement

7. APPRÉCIER. Employez une des expressions de la liste.

Je suis très content ; c'est un peu la loterie ; c'est fou ; c'est toujours les mêmes qui en profitent ; c'est une catastrophe ; c'est bien

Mesure gouvernementale

a. Rien à dire. C'est la mesure que l'on attendait. .... !

b. Avoir fait tout ce cirque pour arriver à ce résultat... .... !

c. Bon, ça va satisfaire une certaine catégorie de gens... ....

d. C'est comme toujours avec ce genre de mesure : il y aura les gagnants et les perdants. ....

e. C'est la pire décision qu'ils pouvaient prendre ! .... !

f. Vous voyez mon sourire... je n'en dis pas plus. ....

COMPRÉHENSION DE L'ORAL

N° 39 Écoutez le reportage et répondez aux questions en cochant (x) la bonne case.

1. Le réseau « Espérances Banlieue » compte...
a. ❑ six établissements.   **b.** ❑ huit établissements.   **c.** ❑ dix établissements.

2. Les caractéristiques des écoles du réseau sont...
a. ❑ uniforme facultatif ; petits effectifs ; parents responsables.
b. ❑ méthodes pédagogiques libres ; uniforme obligatoire ; petits effectifs ; responsabilité des parents.
c. ❑ uniforme obligatoire ; petits effectifs ; responsabilité des parents.

3. Le réseau « Espérances Banlieue » est née en...
a. ❑ 2012.   **b.** ❑ 2010.   **c.** ❑ 2016.

4. L'excellence académique est un principe qui veut...
a. ❑ offrir le meilleur aux enfants issus de l'immigration.
b. ❑ lutter contre le décrochage scolaire.
c. ❑ témoigner de l'excellence de la culture chrétienne.

5. Face à une école en échec, l'initiative d'« Espérances Banlieue »...
a. ❑ intéresse des hommes politiques.
b. ❑ mobilise les médias.
c. ❑ obtient le soutien des artistes comme Jamel Debbouze.

COMPRÉHENSION DES ÉCRITS

Lisez l'article et répondez aux questions.

Le bac, une passion française

[...] Alors que les élèves de terminale affrontent ce matin l'épreuve d'histoire-géographie, tentons d'expliquer cette exception française.

Dès le XIIIᵉ siècle, le baccalauréat (*bacca laurea* signifie « couronne de lauriers » en latin) était le premier grade universitaire, conféré par les facultés à leurs étudiants. Le candidat devait subir plusieurs épreuves en latin : joute oratoire avec un maître (*responsiones*) ; questions d'un jury sur le programme (*baccalariandorum*) ; leçon dispensée par l'étudiant pour prouver sa maîtrise du sujet (*determinatio*). Pendant des siècles, maîtres et écoliers de l'université de Paris furent considérés comme des clercs jouissant de privilèges juridiques et fiscaux. À la moindre contrariété (étudiant incarcéré par la prévôté au lieu d'être remis à la justice ecclésiastique, loyers excessifs), l'université faisait grève, ainsi que l'y autorisait la bulle pontificale de Grégoire IX (1231). [...]

Les bacheliers étaient-ils tous issus de milieu aisé ? Robert de Sorbon lui-même était fils de paysans. De brillants sujets pouvaient obtenir une bourse pourvu qu'ils trouvent un protecteur.

Vers 1500, Érasme étudia ainsi la théologie à Paris grâce à la libéralité de l'évêque de Cambrai. À partir de 1769, le jeune Robespierre dut à l'évêque d'Arras de pouvoir rejoindre le lycée Louis-le-Grand à Paris puis la faculté de droit.

Le baccalauréat, sous sa forme moderne, est institué par Napoléon en 1808. [...] On compte 1000 bacheliers pour l'année 1811. Latin et grec sont des disciplines obligatoires. Sous la monarchie de Juillet (1830-1848), « *l'école est devenue un enjeu central de la politique française, car tous les partis y investissent leurs espoirs contradictoires.* [...] », a écrit l'historien François Furet.

Le baccalauréat devient la cible d'attaques venant de camps opposés. À gauche d'abord. Au lendemain de février 1948, le jeune Vallès milite dans un club et réclame l'abolition du baccalauréat, symbole à ses yeux, de l'ordre bourgeois. À droite ensuite. « *On ne saurait le nier : la jeunesse est élevée contre la société et contre nous*, accuse le catholique Montalembert à l'Assemblée législative le 17 janvier 1850. *L'éducation publique, telle qu'on la donne en France* [...] *crée une nuée de prétendants qui sont propres à tout et bons à rien.* »

La première bachelière, Julie-Victoire Daubié, est reçue en 1861 à la Faculté des lettres de Lyon. À l'orée de la IIIᵉ République, en 1880, les bacheliers représentent 1 % d'une classe d'âge. Il faut toutefois pondérer ce chiffre en rappelant l'excellence du primaire d'alors, illustré par le légendaire et redoutable certificat d'études. Le ministère de l'Instruction publique est rebaptisé « Éducation nationale » en 1932. En 1934, lorsque François Mitterrand, élève au lycée diocésain Saint-Paul à Angoulême, passe le bac, on compte quelque 17 000 reçus dans tout le pays. Après-guerre, dans la France du baby-boom et des Trente Glorieuses, la courbe devient exponentielle : 30 000 admis en 1948 et 150 000 en 1973. Ils seront 250 000 en 1985, 470 000 en 1998 et 617 000 en 2015, toutes séries confondues.

On sait que les diplômes comme la monnaie peuvent se dévaluer [...]. Encourageons pourtant les candidats et réconfortons les collés en rappelant que Sacha Guitry et André Malraux ont arrêté leurs études sans avoir obtenu ce précieux sésame. Émile Zola, pour sa part, a été recalé (deux fois), de même que Jean Cocteau ou Guillaume Apollinaire.

Guillaume Perrault, *Le Figaro*, juin 2017.

1. À quoi correspondent ces dates ?

a. XIIIe siècle : ....

b. 1808 : ....

c. 1811 : ....

d. 1861 : ....

e. 1948 : ....

f. 2015 : ....

2. De quelles épreuves se composait le bac à l'origine ?

....

3. Qui a soutenu qui ?

a. Érasme : ....

b. Robespierre : ....

4. Donnez les deux arguments à gauche et à droite contre le bac.

a. À gauche : ....

b. À droite : ....

5. Dites s'ils ont été reçus ou s'ils ont échoué au baccalauréat. Cochez la bonne case.

	REÇU	ÉCHOUÉ			REÇU	ÉCHOUÉ
a. François Mitterrand	☐	☐	**d.** André Malraux		☐	☐
b. Jean Cocteau	☐	☐	**e.** Guillaume Apollinaire		☐	☐
c. Émile Zola	☐	☐	**f.** Sacha Guitry		☐	☐

PRODUCTION ORALE

Vous dégagerez le problème soulevé par le document ci-dessous. Vous présenterez votre opinion sur le sujet de façon argumentée.

Faut-il avoir peur des jeux vidéo ?
Craintes d'addiction, déni de réalité, risques de violence… le débat sur les effets des jeux vidéos est loin d'être clos. Il divise en particulier les joueurs et les psychiatres et pédopsychiatres. Les joueurs accusent eux la société, sa violence, dont les jeux ne sont après tout que le reflet ; les psychiatres et pédopsychiatres dénoncent eux un appel à la violence par la violence.

PRODUCTION ÉCRITE

L'enseignement à distance ou le e-learning est en passe de devenir une alternative à part entière à l'enseignement en présentiel, dans un lieu affecté à ça et dispensé en face à face par un professeur.

Pensez-vous qu'il soit possible de tout apprendre à distance ? Quels sont selon vous les avantages et les inconvénients d'un tel apprentissage ? Comparez-le avec un apprentissage en face à face.

Exposez votre point de vue dans un article argumenté de 250 mots environ à paraître sur un site dédié aux questions d'enseignement.

Vocabulaire

1. Apprenez le vocabulaire.

Ordonnance (n. f.)	Excéder (v.) ....
État civil (n. m.)	S'adonner à (v.) ....
Baptême (n. m.)	Préserver (v.) ....
Demeure (n. f.)	Achever (v.) ....
Ruine (n. f.)	Remanier (v.) ....
Dommage (n. m.)	Encadrer (v.) ....
Emblème (n. m.)	Restaurer (v.) ....
Façade (n. f.)	Emprunter (v.) ....
Hommage (n. m.)	Venger (v.) ....
Mendiant (n. m.)	Accoster (v.) ....
Flèche (n. f.)	Symbolique (adj.) ....
Établir (v.)	Médiéval (adj.) ....
Surnommer (v.)	Ridicule (adj.) ....

2. Vérifiez la compréhension de l'article *Le château de Villers-Cotterêts, berceau de l'état civil* (Livre de l'élève, p. 118). Cochez la bonne réponse.

a. L'ordonnance de Villers-Cotterêts institue...

❒ **1.** l'enregistrement par écrit des baptêmes.   ❒ **2.** la création de l'état civil.

b. L'ordonnance de Villers-Cotterêts établit...

❒ **1.** l'écriture en latin des actes légaux et notariés.   ❒ **2.** l'écriture en français des actes légaux et notariés.

c. À Villers-Cotterêts, François Ier pratique...

❒ **1.** le tennis.   ❒ **2.** le jeu de paume.

d. Le roi aime...

❒ **1.** la chasse.   ❒ **2.** les promenades en forêt.

3. Vérifiez la compréhension du document audio sur la visite guidée du château de Villers-Cotterêts.

a. À quels faits correspondent ces dates ?

1. xvie siècle : ....   **4.** 1997 : ....

2. 1522-1539 : ....   **5.** 2014 : ....

3. 1806 : ....

b. Associez, aux noms qui suivent, les événements qui s'y rapportent.

1. François Ier : ....   **3.** Duc d'Orléans : ....

2. Henri II : ....

c. Relevez les différentes parties de la visite du château.

....

d. Associez un personnage à ces événements.

1. Signature de l'édit de Villers-Cotterêts : ....   **2.** Organisation de fêtes somptueuses : ....

e. Quels liens unissent Catherine de Médicis et Diane de Poitiers ?

....

4. DÉCRIRE UN LIEU. **Mettez ces verbes dans un ordre logique de déroulement.**

remanier ; achever ; subir ; classer ; transformer ; élire ; préserver ; construire ; faire édifier

1. ....
2. ....
3. ....
4. ....
5. ....
6. ....
7. ....
8. ....
9. ....

5. DÉCRIRE. **Complétez avec les verbes de l'exercice 4.**

Monastère royal de Brou, monument préféré des Français 2014

a. Marguerite d'Autriche, duchesse de Savoie, gouvernante des Pays-Bas, a décidé de .... le monastère royal de Brou à la mémoire de son époux décédé très jeune, à l'âge de 24 ans.

b. La chapelle royale a été .... à partir de 1513.

c. Elle a été .... en 1532.

d. Au cours des siècles, sa toiture a été .... et a perdu son caractère bourguignon.

e. Sous la Révolution, le bâtiment .... d'importantes dégradations.

f. Devenu bâtiment militaire, l'ensemble monastique est .... de la démolition.

g. Le cloître .... en lieu de garnison pour le 1er Régiment de Hussards et la chapelle royale en grenier à foin pour les chevaux.

h. La chapelle Royale est .... monument historique en 1862 et les cloîtres en 1889.

i. En 2014, le monastère et la chapelle royale sont .... monument préféré des Français.

6. DÉCRIRE COMME DANS UN GUIDE TOURISTIQUE. **Reconstruisez les images toutes faites qui forment des clichés stylistiques. Il y a plusieurs associations possibles.**

riant ; accueillant ; imposant ; audacieux ; animé ; charmant ; riche ; majestueux ; unique ; curieux ; riche de son passé ; surprenant ; grandiose

a. Un village ....

b. Une ville ....

c. Une vallée ....

d. Une plaine ....

e. Un massif ....

f. Un site ....

g. Un monument ....

Grammaire

1. PARLER D'UN LIEU. **Construisez des propositions participes avec un participe passé.**

a. La construction du château de Versailles a été décidée par Louis XIV. Elle n'a pas été achevée sous son règne.

→ ....

b. La création du Centre Pompidou a été programmée par le président Georges Pompidou. Elle a permis l'ouverture d'un vaste ensemble consacré à l'art contemporain.

→ ....

c. L'urbanisme de Paris a été considérablement modifié par le baron Haussmann. Il y a gagné en perspectives ouvertes qui donnent son caractère à la ville aujourd'hui.

→ ....

d. La construction de l'Arc de Triomphe de l'Étoile a été ordonnée par Napoléon. Elle célèbre les victoires de ses armées.

→ ....

e. La création de l'Institut de France a été voulue par la Convention. Elle regroupe les cinq académies dont l'Académie française.

→ ....

2. COÏNCIDENCES. **Construisez des propositions participes avec un participe présent.**

a. Ils découvrent qu'ils habitent dans la même ville. Ils se sont enfin rencontrés.

→ ....

b. Ils ont des amis communs. Ils se sont retrouvés amis sur Facebook.

→ ....

c. Elles font toutes les deux des relations publiques. Elles se sont retrouvées sur le même salon.

→ ....

d. Ils participent au même congrès. Ils ont proposé une communication sur un thème similaire.

→ ....

e. Ils s'évitent depuis longtemps. Ils se sont retrouvés côte à côte au spectacle.

→ ....

f. Ils rêvent depuis longtemps de travailler ensemble. Ils sont heureux qu'un producteur veuille les réunir dans un même film.

→ ....

3. DÉCRIRE. **Utilisez la forme impersonnelle.**

a. Existence de nombreuses institutions d'art contemporain publiques et privées dans Paris.

→ **Il existe de nombreuses institutions d'art contemporain publiques et privées dans Paris.**

b. Décision de confier à Tadao Ando la construction d'un nouveau musée d'art contemporain privé.

→ ....

c. Aménagements prévus pour transformer la Bourse de commerce, bâtiment circulaire, en cube.

→ ....

d. Sélection de plusieurs centaines de tableaux des plus contemporains parmi les plus représentatifs.

→ ....

e. Le public semble plus attiré aujourd'hui que par le passé par l'art contemporain.

→ ....

f. Certitude que cette attirance s'explique par la médiatisation des artistes contemporains.

→ ....

Oral

1. Écoutez le reportage. Répondez aux questions. Cochez les bonnes réponses.

N° 40   **a. Le Tata sénégalais se trouve...**

❐ **1.** au Sénégal.   ❐ **2.** à Chasselay, dans le Rhône.

b. Le Tata sénégalais célèbre...

❐ **1.** la débâcle, en juin 1940.   ❐ **2.** un épisode violent de la débâcle.

c. Tata signifie en wolof...

❐ **1.** enceinte sacrée.   ❐ **2.** cimetière.

d. Dans cette enceinte rectangulaire, reposent...

❐ **1.** les corps de 188 tirailleurs sénégalais.   ❐ **2.** des soldats inconnus.

e. Les pierres tombales rouges sont enserrées...

❐ **1.** dans de la terre du Sénégal mélangée à de la terre de France.   ❐ **2.** dans de la terre du Sénégal.

f. Les soldats sénégalais qui défendaient l'entrée de Lyon ont été...

❐ **1.** faits prisonniers et envoyés dans des camps.   ❐ **2.** massacrés à la mitrailleuse ou écrasés.

g. Le Tata sénégalais est...

❐ **1.** un cimetière municipal.   ❐ **2.** une nécropole nationale.

Vocabulaire

1. Apprenez le vocabulaire.

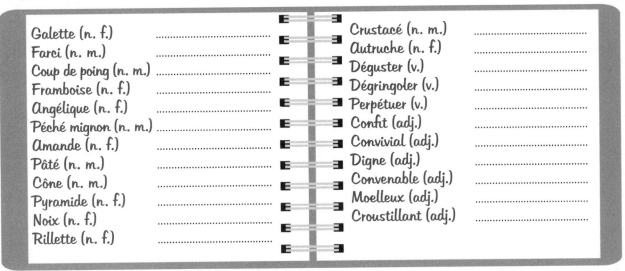

Galette (n. f.)	Crustacé (n. m.) ....
Farci (n. m.)	Autruche (n. f.) ....
Coup de poing (n. m.)	Déguster (v.) ....
Framboise (n. f.)	Dégringoler (v.) ....
Angélique (n. f.)	Perpétuer (v.) ....
Péché mignon (n. m.)	Confit (adj.) ....
Amande (n. f.)	Convivial (adj.) ....
Pâté (n. m.)	Digne (adj.) ....
Cône (n. m.)	Convenable (adj.) ....
Pyramide (n. f.)	Moelleux (adj.) ....
Noix (n. f.)	Croustillant (adj.) ....
Rillette (n. f.)	

 2. Vérifiez la compréhension de la séquence audio *Au marché de Poitiers* (Livre de l'élève, p. 120). Faites les activités.

a. Situez Poitiers.

b. Retrouvez les informations.

	Broyé du Poitou	Macaron de Montmorillon	Farci poitevin	Chabichou
Forme				
Composition				
Mode de consommation				

3. Vérifiez la compréhension de l'extrait du Routard : Où manger à La Rochelle ? (Livre de l'élève, p. 121). Classez les informations.

	Le P'tit Bleu	*Le Comptoir Saoufé*	*Les Flots*
Situation			
Particularité			
Spécialités			
Ambiance			
Prix			

4. Chassez l'intrus.

a. escargot – turbot – cabillaud – sardine

b. huîtres – crevette – moules – rillettes

c. salicorne – lentilles – amandes – oseille

d. pâté – poulet – saucisses – rillettes

e. couteaux – macaron – nougat – galette

f. camembert – chabichou – gruyère – chardonnay

5. DES MOTS TRONQUÉS COMME DANS LE LANGAGE BRANCHÉ DE CERTAINS GUIDES. Rétablissez ces mots.

a. resto → ....

b. apéro → ....

c. sympa → ....

d. bio → ....

e. accro → ....

f. crousti → ....

6. ENQUÊTE DE SATISFACTION. CARACTÉRISER. Associez.

a. service

b. prix

c. cuisine

d. produits

e. esprit

f. vue

1. créatif

2. imprenable

3. sélectionnés

4. gourmande

5. abordable

6. convenable

7. Dites si ces expressions sont concrètes ou imagées.

	CONCRÈTES	IMAGÉES
a. Il y a à boire et à manger.	☐	☐
b. Ça ne mange pas de pain.	☐	☐
c. Il faut manger à sa faim.	☐	☐
d. J'ai du pain sur la planche.	☐	☐
e. Elle a un appétit d'oiseau.	☐	☐
f. Il a un solide appétit.	☐	☐

Oral

1. Travaillez vos automatismes. Confirmez comme dans l'exemple.

N° 41   a. Les vieux objets me plaisent.

→ **Ce qui vous plaît, ce sont les vieux objets.**

b. Les vieux livres m'intéressent.

→ ....

c. J'aime les découvertes insolites.

→ ....

d. J'espère découvrir de nouveaux secrets.

→ ....

e. J'adore les boutiques improbables.

→ ....

f. Je déteste les lieux surfaits.

→ ....

2. Répondez comme dans l'exemple.

N° 42   a.   – Qu'est-ce qu'elle veut ?

→ **Elle ne sait pas ce qu'elle veut.**

b. – Qu'est-ce qui lui va bien ?

→ ....

c. – De quoi elle a envie ?

→ ....

d. – Qu'est-ce qui la passionne ?

→ ....

e. – Qu'est-ce qui la séduit ?

→ ....

f. – Qu'est-ce que l'agence a proposé ?

→ ....

Écrit et civilisation

1. Lisez le texte et faites les activités.

Ardèche : Le succès de son miel bio était dû à la plantation de cannabis de son voisin

AUBENAS (07) – 850 pots sur liste d'attente : Rémy P. est un apiculteur dépassé par son succès, ou plutôt était car sa production vient d'être stoppée net par les autorités ardéchoises. Son miel contenait en effet une quantité importante de THC (tétra-hydro-cannabinol), le composé psycho-actif du cannabis, estimée selon un expert local à « *un quart de joint bien chargé par tartine* ». D'où provenait cette substance illégale ? De la plantation tout aussi illégale de son voisin, qui sous couvert de cultiver la châtaigne maintenait également un cheptel de près de 200 pieds de cannabis, cachés parmi les arbres. « *Les abeilles devaient butiner les plantes du voisin, au lieu de butiner les châtaigniers...* », conjecturait le jeune apiculteur lors d'un point presse.

C'est un père de famille albenassien qui a découvert le pot-aux-roses en faisant passer un bilan sanguin à ses deux enfants de 7 et 9 ans. « *Théo et Théa sont habituellement des enfants très excités. Mais depuis quelque temps, ils étaient très calmes... Trop calmes même ; Théo s'est mis à écouter du Sinsemilia dans sa chambre et un dimanche, Théa a regardé*

une motte de beurre fondre pendant 3 heures d'affilé, en rigolant. On s'est beaucoup inquiétés » déclarait-il, admettant que lui-même et sa femme avaient également développé « *un certain penchant* » pour ce miel.

Mais si beaucoup se félicitent de l'arrêt de la production du « space miel », ce n'est pas le cas de tous les consommateurs, à l'instar de Jean-Tristan, 45 ans, l'un des plus gros clients de Rémy qui lui se déclare très déçu. « *Avec ce miel, je me sens beaucoup mieux, je n'ai plus mes douleurs matinales, je suis de meilleure humeur et j'avais même arrêté de boire ! Là, je sais pas ce que je vais devenir... j'étais à un demi-pot par jour, arrêter d'un coup va être dur, très dur...* » confiait-il, ajoutant que « *si les abeilles*

trouvent ça bon, c'est que ça peut pas être mauvais pour nous ».

Examiné en laboratoire, ce miel spécial s'est révélé particulièrement concentré en molécules psycho-actives, comme le résume Océane, une jeune lycéenne, consommatrice malgré elle.

Même son de cloche pour Lucette, 78 ans, qui restera longtemps nostalgique de ce « miel magique », qu'elle et ses amies consommaient régulièrement en début de soirée, sous forme de « grog » ou dans la tisane : « *Nos parties de Scrabble ne seront plus aussi amusantes ; moi ça m'est bien égal ce qu'ils mettaient dans ce miel tant que c'est bio, comme ils disent. Ah si vous aviez vu nos parties ! Qu'est-ce qu'on a ri ! Et pis on osait en mettre des mots coquins ! Mon Dieu, quelle rigolade !* ».

Même si la justice n'a pas encore tranché, Rémy P. ne pense pas être inquiété, contrairement à son voisin qui a déjà été incarcéré : « *Je suis un apiculteur moi, pas un dealer. Si je deviens responsable des faits et gestes de chacune de mes abeilles alors on va où là ?* ». Réponse le 18 avril prochain au tribunal d'Aubenas.

Le Daily Beret, 16 mars 2016.

a. Pourquoi les autorités ont-elles stoppé la production de Rémy ?

....

b. D'où provenait la présence de cette substance illégale ?

....

c. Comment explique-t-on la présence de cette substance dans le miel ?

....

d. Dites si les consommateurs suivants sont contents ou non de l'arrêt de la production de ce « space miel ».

1. Les parents de Théo et Théa : .... **3.** Lucette : ....

2. Jean-Tristan : ....

e. Quelles qualités les consommateurs trouvaient-ils à ce miel ?

1. Jean-Tristan : .... **2.** Lucette : ....

f. Que dit Rémy pour sa défense ?

....

Vocabulaire

1. Apprenez le vocabulaire.

Héritage (n. m.)	Revendiquer (v.) ....
Annexion (n. f.)	Regrouper (v.) ....
Compétence (n. f.)	Broyer (v.) ....
Indépendance (n. f.)	Indifférencié (adj.) ....
Globalisation (n. f.)	Déficitaire (adj.) ....
Emprise (n.f.)	Performant (adj.) ....
Bienveillance (n. f.)	Défaillant (adj.) ....
Égoïsme (n. m.)	Viable (adj.) ....

2. Vérifiez la compréhension du *Point infos* (Livre de l'élève, p. 122). À quoi correspondent ces dates ?

a. xe siècle : ....

b. xvie siècle : ....

c. xviie et xviiie siècles : ....

d. 1789 : ....

e. 1970 : ....

f. 1972 : ....

g. 1982 : ....

h. 2015 : ....

3. Vérifiez la compréhension de l'article *Le régionalisme, une chance ou un risque* (Livre de l'élève, p. 123). Retrouvez les informations du débat portées par les mots suivants sur la régionalisation.

a. Une revendication : ....

b. Une des réponses : ....

c. Une menace : ....

d. Un usage : ....

e. La volonté : ....

f. Le sentiment : ....

g. L'emprise : ....

h. L'égoïsme : ....

4. Les mots de l'histoire. Voici le verbe, trouvez le substantif.

a. fonder → .... de l'État.

b. annexer → .... de provinces.

c. rattacher → .... de villes.

d. perdre → .... de colonies.

e. conquérir → .... de nouveaux territoires.

f. unifier → .... linguistique.

5. Des verbes employés dans un autre sens. **Formez des expressions (plusieurs solutions possibles).**

a. Unifier	**1.** les forces
b. Briser	**2.** les oppositions.
c. Abolir	**3.** les résistances.
d. Diviser	**4.** les comportements.
e. Regrouper	**5.** les différences.
f. Broyer	**6.** les énergies.

6. Trouvez le contraire.

a. Un État défaillant. ≠ ....

b. Un pôle économique viable. ≠ ....

c. Les régions déficitaires. ≠ ....

d. Une administration indifférente. ≠ ....

e. Un déficit croissant. ≠ ....

f. Un pays performant. ≠ ....

7. Qu'est-ce qu'ils expriment quand ils disent… ? Complétez.

une exigence ; une plainte ; un malaise ; une revendication ; un attachement ; une menace

a. Pour la Bretagne libre ! → ....

b. Jamais nous ne quitterons notre région. → ....

c. Si nous n'obtenons pas gain de cause… Attention danger ! → ....

d. Nous ne sommes pas récompensés à la hauteur de nos engagements. → ....

e. Nous voulons la reconnaissance pleine et entière de nos droits. → ....

f. Nous nous sentons considérés comme des citoyens de seconde zone. → ....

Grammaire

1. Rapporter les paroles prononcées dans le passé. **Transformez avec les mots entre parenthèses.**

Contretemps

a. Le match est reporté en raison du mauvais temps. (*la radio a annoncé*)

→ ....

b. Mon emploi du temps est très chargé. (*il nous a expliqué*)

→ ....

c. Je me suis perdue et j'ai dû prendre un taxi. (*elle m'a raconté*)

→ ....

d. Je ne peux pas venir en week-end avec vous. (*il m'a expliqué*)

→ ....

e. Je suis parti plus tôt que d'habitude. (*il a répondu*)

→ ....

f. Je t'ai attendu et je suis finalement allée seule au cinéma. (*elle m'a affirmé*)

→ ....

2. Rapporter des paroles prononcées. **Transformez avec les mots entre parenthèses.**

Vie quotidienne

a. La boulangerie sera fermée tout le mois d'août. (*le boulanger a affiché*)

→ ....

b. Je reviendrai après-demain. (*il lui a promis*)

→ ....

c. J'ai essayé de téléphoner mais personne n'a répondu. (*il a affirmé*)

→ ....

d. Pierre ne fait plus de sport ? (*j'ai demandé*)

→ ....

e. Je n'assisterai pas à la réunion. (*il a dit*)

→ ....

f. Les enfants ne sont pas autorisés à sortir seuls de l'école. (*il a rappelé*)

→ ....

3. Explorer le passé. **Faites des phrases.**

Que faisiez-vous dans les années 1970 ?

a. Croire à la révolution.

→ On ....

b. Célébrer le « flower power ».

→ Nous ....

c. Partir trois mois à Katmandou.

→ Je ....

d. Aller voir *Woodstock, Easy Rider* au cinéma et les films de Jean-Luc Godard ou François Truffaut.

→ Nous ....

e. Vivre une grande passion avec deux garçons.

→ Je ....

f. Ne pas connaître le chômage, le sida.

→ Nous ....

g. Commencer sérieusement à penser à travailler.

→ Je ....

Vocabulaire

1. Apprenez le vocabulaire.

Coquille
Saint-Jacques (n. f.) ....
Chou-fleur (n. m.) ....
Artichaut (n. m.) ....
Coiffe (n. f.) ....
Cosmétique (n. f.) ....
Canton (n. m.) ....
Circonscription (n. f.) ....

Échelon (n. m.) ....
Autorité (n. f.) ....
Élu (n. m.) ....
Vestige (n. m.) ....
Menhir (n. m.) ....
Pneu (n. m.) ....
Béret (n. m.) ....
Nougat (n. m.) ....

2. Vérifiez la compréhension de la séquence vidéo *La Bretagne, une région française* **(Livre de l'élève, p. 124). Retrouvez les informations suivantes.**

a. Mer et terre...

1. Ports de pêche : ....

2. Produits de la mer : ....

3. Produits de la terre : ....

4. Fruits : ....

b. Tradition...

1. Les fêtes : ....

2. Les festivals : ....

3. Une tradition vestimentaire célèbre : ....

c. Commerce et industrie...

Trois grands groupes et leurs spécialités : ....

d. Tourisme...

Importance ....

e. Identité...

....

3. On désigne souvent les villes ou les monuments par des images. Associez.

a. Notre-Dame

b. La tour Eiffel

c. Lyon

d. Le Louvre

e. Versailles

f. Nancy

g. Le Centre Pompidou

h. Toulouse

i. Les Champs-Élysées

j. Deauville

k. l'Opéra de Paris

1. La dame de fer.

2. La raffinerie.

3. La grande boutique.

4. La plus célèbre avenue du monde.

5. La résidence des rois de France.

6. Le vaisseau de pierre.

7. Le palais du Roi-Soleil.

8. La capitale des Gaules.

9. La perle normande.

10. La ville rose.

11. La capitale des ducs de Lorraine.

4. Voici des titres de films. Ils renvoient à des lieux de mémoire régionaux. Classez-les.

Les Demoiselles de Rochefort ; Le Dernier Métro ; L'Auvergnat et l'autobus ; Germinal ; Les parapluies de Cherbourg ; L'Horloger de Saint-Paul ; Jean de Florette ; L'inconnu de Strasbourg ; Bienvenue chez les Ch'tis ; Moulin Rouge ; La Baie des Anges ; Les galettes de Pont-Aven ; Le Gone du Chaâba ; Chouans ! ; Amélie de Montmartre (Le Fabuleux Destin d'Amélie Poulain) ; Thérèse Desqueyroux ; La Gloire de mon Père

a. Paris → ....

b. Provence → ....

c. Bretagne → ....

d. Nord → ....

e. Auvergne → ....

f. Lyonnais → ....

g. Alsace → ....

h. Bordelais → ....

5. Qui représente quoi ? Faites correspondre.

le département ; la commune ; la région ; la circonscription ; le canton

a. Le maire → ....

b. Le député → ....

c. Le conseiller départemental → ....

d. Le préfet → ....

e. Le conseiller régional → ....

6. Dites à quel service vous devez vous adresser. Aidez-vous du *Point infos* (Livre de l'élève, p. 124).

a. Votre fils vient de naître. → ....

b. Vous faites une demande de permis de construire. → ....

c. Vous voulez organiser un festival de musique. → ....

d. Vous avez un problème de voierie en face de chez vous. → ....

e. Vous changez de quartier et vous voulez inscrire votre fille dans le collège le plus proche.
→ ....

f. Vous voulez implanter un atelier dans une zone industrielle. → ....

Écrit et civilisation

1. Lisez le reportage *Intégration à l'aveyronnaise* et faites les activités.

Intégration à l'aveyronnaise

Une journaliste du *Christian Science Monitor* de Boston (USA) …

Simon Worou, né au Togo, est le premier maire d'origine africaine élu dans l'Aveyron. Quand il est venu pour la première fois au milieu des années 1990 pour rencontrer les grands-parents de sa future épouse, ces derniers n'avaient jamais connu de Noir. Mais depuis son arrivée, il a toujours été accueilli chaleureusement.

« *J'habite dans ce village depuis plus longtemps que beaucoup de gens ici,* affirme Simon Worou en ouvrant les battants de la porte de la mairie, où une réunion doit se tenir cet après-midi-là. *Aujourd'hui, quand on me voit, on me voit moi – Simon – et non un Noir.* »

Sa présence illustre à quel point la France a changé ces dernières décennies, pour passer d'une société homogène d'un point de vue ethnique à l'une des nations les plus cosmopolites d'Europe. L'élection de Simon Worou à la tête du village montre que les Français blancs d'origine européenne acceptent plus facilement les immigrés.

Malgré tout, les valeurs et principes traditionnels français n'évoluent pas suffisamment pour faire une place aux multiples traditions culturelles des 6 millions d'habitants issus de l'immigration. Et les débats récents sur ces valeurs, l'identité française et l'intégration des jeunes immigrés, ont divisé la société plus qu'ils ne l'ont unie.

« *La réalité française a changé,* explique Marie-Hélène Baqué, sociologue et urbaniste à l'université Paris-Ouest. *La France est une nation multiculturelle et sa population a des origines très diverses. L'un des défis actuels est de prendre en compte cette diversité.* » […]

« Être français » est toutefois une question lourde de sens. Dans ce pays où la classe intellectuelle et politique fait de la laïcité une pierre angulaire de l'identité française. […]

Marie-Hélène Baqué estime que le débat a été déformé car il fait de l'identité un concept immuable. « *L'identité évolue et change constamment. Il n'y a pas d'identité française unique. Il y en a toujours eu de multiple,* poursuit-elle. *Certains affirment que les habitants des banlieues ne se sentent pas français, mais c'est uniquement parce qu'ils se sentent invisibles.* »

[…] L'institut national de la statistique n'étudie pas l'origine ethnique de ces immigrés. Identifier ces personnes selon ce critère est illégal en France – une mesure prise après la Seconde Guerre mondiale, pendant laquelle les autorités ont utilisé ces données pour trouver et déporter des Juifs. Distinguer les citoyens sur la base de leurs origines ethniques est également vu comme un affront au principe républicain de l'égalité.

Pour Erik Bleich, professeur de sciences politiques au Middle Bury College dans le Vermont, ce contexte entrave néanmoins les débats sur le sujet : « *N'avoir aucune statistique sur les origines ethniques permet aux gens de ne pas être obnubilés par leur identité ethnique et de ne pas avoir à s'en défendre sans arrêt, tout au long de leur vie, comme aux États-Unis. L'inconvénient, c'est qu'on ne peut pas montrer au grand public l'impact qu'ont les convictions religieuses et les origines ethniques sur le parcours d'une personne.* »

Colette Davidson, *Courrier International*, supplément au magazine, 28 juillet 2016.

a. Qui est Simon Worou ? ....

b. Quelle est sa particularité ? ....

c. Quelle évolution illustre la fonction qu'occupe Simon Worou ? ....

d. Cette évolution est-elle suffisante ? ....

e. Dites si ces affirmations sur l'identité sont vraies ou fausses.

	VRAI	FAUX
1. L'un des défis actuels, c'est de prendre en compte la diversité de l'origine des populations.	❏	❏
2. La laïcité est la pierre angulaire de l'identité française.	❏	❏
3. L'identité française est un concept immuable.	❏	❏
4. Les habitants des banlieues ne s'intègrent pas parce qu'ils sont invisibles.	❏	❏

f. Pourquoi identifier les personnes selon leur origine ethnique est illégal ? ....

g. Quel est...

1. l'avantage de cette interdiction ? ....

2. l'inconvénient ? ....

Vocabulaire

1. Apprenez le vocabulaire.

Malveillance (n. f.)	Inverser (v.) ....
Fantôme (n. m.)	Impliquer (v.) ....
Panneau (n. m.)	Céder (v.) ....
Vitrail (n. m.)	Rythmer (v.) ....
Manoir (n. m.)	Jonché (adj.) ....
Demeure (n. f.)	Triste (adj.) ....
Érable (n. m.)	Bête (adj.) ....
Pensionnat (n. m.)	Cassé (adj.) ....
Villégiature (n. f.)	Scandalisé (adj.) ....
Abandon (n. m.)	Écaillé (adj.) ....
Entretien (n .m.)	Sale (adj.) ....
Témoin (n. m.)	Imposant (adj.) ....
Carillonneur (n. m.)	

2. Vérifiez la compréhension des trois documents (Livre de l'élève, p. 126-127).

• *Pagode délabrée, le scandale continu*

a. Caractérisez l'état du lieu. Complétez.

1. Le sol est ....

2. La Pagode est dans ....

3. L'entrée est ....

4. Les vitres sont ....

5. La moquette est ....

6. Les peintures sont ....

7. Le lieu est particulièrement ....

8. L'écran a été ....

• *Heureux dénouement pour le manoir Maplewood*

b. Complétez la chronologie.

1. 1864 : ....

2. 1882 : ....

3. 1960 : ....

4. 1989 : ....

5. 2012 : ....

• *Défense de la culture du carillon en Belgique*

c. Retrouvez les arguments introduits par les mots suivants.

1. Cependant ....

2. D'abord ....

3. Ensuite ....

4. Ajoutons que ....

5. Enfin ....

3. CARACTÉRISER UN OBJET OU UN LIEU. **Trouvez le contraire.**

a. cassé ≠ Un verre **neuf**.

b. endommagé ≠ Une voiture ....

c. brisé ≠ Un miroir ....

d. sale ≠ Un tissu ....

e. dégradé ≠ Un immeuble ....

f. abandonné ≠ Une maison ....

4. Exprimer un sentiment face à un lieu. **Complétez.**

choqué ; abattu ; scandalisé ; triste ; désorienté ; colère

a. Tout ça me met hors de moi : je suis ....

b. Voir ça dans cet état, me donne envie de pleurer ; ça me rend ....

c. Face à tant d'indifférence à l'égard du passé, j'ai besoin de crier ; je suis vraiment en ....

d. Comment a-t-on pu laisser cette demeure se dégrader à ce point sans rien faire... ? Je suis ....

e. Abandonner ce qui vous tient le plus à cœur me laisse sans réaction. Je suis ....

f. Tout le monde s'en fiche ! Je ne sais plus à qui m'adresser. Je suis ....

5. Mobiliser les médias. **Faites des titres en commençant par des substantifs qui remplacent les mots en gras.**

a. Qui va payer pour **restaurer** le toit de la cathédrale ?

→ **Restauration du toit de la cathédrale : qui va payer ?**

b. État d'urgence pour **rénover** les façades du château.

→ ....

c. Il y a nécessité absolue de **remettre en état** les pelouses du parc municipal.

→ ....

d. Trouver impérativement un budget pour **rétablir** l'alimentation des jets d'eau de la fontaine.

→ ....

e. Un rêve encore à réaliser : **ressusciter** la splendeur de la salle de bal du palais.

→ ....

f. Une association se crée pour **réouvrir** le kiosque à musique.

→ ....

6. Conflits. les mots de la défense. **Complétez.**

plaider ; accuser ; dénoncer ; porter plainte ; réclamer ; défendre

a. Pour dégradation volontaire, nous .... le paiement d'une amende.

b. Nous .... l'absence de réaction de la municipalité.

c. Nous .... pour plus de fermeté contre l'incivilité.

d. Nous entendons .... notre environnement patrimonial.

e. Nous .... les associations qui occupent les lieux de destruction volontaire du bien commun.

f. Nous .... pour occupation abusive de l'espace public.

7. Quel rapport au temps ? **Quel sentiment ou quelle attitude rattachez-vous à ces expressions ?**

la mélancolie ; le pessimisme ; l'esprit révolutionnaire ; la nostalgie ; l'esprit novateur ; l'esprit de progrès

a. C'était le bon temps... → ....

b. Du passé, faisons table rase. → ....

c. Le pire est toujours à venir. → ....

d. On n'arrête pas le progrès. → ....

e. Il faut suivre son temps. → ....

f. Le monde est plein de choses qui s'enfuient... → ....

COMPRÉHENSION DE L'ORAL

🔊 **N° 43** Écoutez le reportage et répondez aux questions en cochant (x) la bonne case.

1. Le village des Baux compte 370 habitants.
   ❑ VRAI   ❑ FAUX   ❑ ON NE SAIT PAS

2. Le village des Baux est intimement lié à Van Gogh.
   ❑ VRAI   ❑ FAUX   ❑ ON NE SAIT PAS

3. Van Gogh a peint juste à côté du Moulin Castelas.
   ❑ VRAI   ❑ FAUX   ❑ ON NE SAIT PAS

4. Les oliviers noueux, tourmentés peints par Van Gogh n'existent plus aujourd'hui.
   ❑ VRAI   ❑ FAUX   ❑ ON NE SAIT PAS

5. C'est à cause du gel de 1956 que les oliviers ont changé de forme.
   ❑ VRAI   ❑ FAUX   ❑ ON NE SAIT PAS

6. La clinique psychiatrique où Van Gogh passa 53 semaines n'existe plus.
   ❑ VRAI   ❑ FAUX   ❑ ON NE SAIT PAS

7. La chambre de Van Gogh est telle qu'elle était à son époque.
   ❑ VRAI   ❑ FAUX   ❑ ON NE SAIT PAS

COMPRÉHENSION DES ÉCRITS

Lisez l'article et répondez aux questions.

Le Havre, un anniversaire au long cours

Pour célébrer son demi-millénaire, Le Havre a vu les choses en grand. Tout l'été, une trentaine d'installations monumentales ou plus intimistes, s'installent en ville. Originaires du Havre ou d'ailleurs, les artistes impliqués ont pu s'approprier l'espace public et jouer avec le patrimoine architectural, portuaire, industriel et naturel. Le résultat est fantastique ! […]

Malgré ses 500 ans, Le Havre est considéré comme une ville jeune. Honfleur, toute proche, est deux fois plus ancienne ! Et pourtant, son histoire n'est pas un long fleuve tranquille. En 1517, François Ier ordonne la création à l'embouchure de la Seine, d'une alternative aux ports de Honfleur et Harfleur menacés d'envasement. « Le Havre de Grâce » est né. Pendant deux siècles, ce port se limite à une vocation militaire. Puis au XVIIIe siècle, il profite de l'essor fulgurant du commerce maritime. Les armateurs font fortune. Le Havre annexe les villages voisins et multiplie sa superficie par cinq. Au XIXe siècle, la cité connaît un nouvel âge d'or avec la révolution industrielle. […] Nouveau virage au début du XXe siècle avec la mode des bains de mer : la cité normande devient une station balnéaire prisée et le port d'attache de nombreux paquebots qui assurent des croisières transatlantiques vers New-York.

L'euphorie s'arrête net lors de la Seconde Guerre mondiale : le cœur du Havre est bombardé sans relâche. En 1945, la ville compte parmi les plus touchées d'Europe avec un lourd bilan : plusieurs milliers de morts ; 20 000 logements détruits et 80 000 habitants sinistrés. Sa reconstruction est confiée à l'architecte Auguste Perret (1874-1954) qui recrute une centaine de collaborateurs. Pour rebâtir les immeubles, il adopte les mêmes standards : le regroupement en îlots autour d'une cour centrale. Et surtout, il choisit d'utiliser des carrés de béton préfabriqué, un nouveau matériau bon marché. Il le mélange à de la poudre de marbre, du grès rose, de la brique pour varier les teintes, et il insère des claustras (carrés de béton ajourés) pour améliorer le rendu esthétique. Auguste Perret fait du Havre un laboratoire architectural à grande échelle et contribue à lui donner une identité urbanistique forte et avant-gardiste qui, en 2005, lui vaut d'être inscrit au patrimoine mondial de l'Unesco.

[…] Autre projet spectaculaire de la reconstruction : l'église Saint-Joseph, plus près du front de mer. Tel un gratte-ciel, elle se repère de loin à sa tour lanterne (de 107 mètres de hauteur). À l'intérieur, ses volumes et ses douze mille vitraux de différentes formes et de différentes couleurs, œuvre de l'artiste peintre verrier Marguerite Huré (1895-1967) impressionnent. L'architecte brésilien Oscar Niemeyer, concepteur de la capitale de son pays, Brasilia, a lui aussi contribué au rayonnement actuel de la ville. En 1982, il érige une magnifique maison de la culture, renommée plus tard Le Volcan, qui abrite aujourd'hui la scène nationale et une bibliothèque au design intérieur étonnant. […]

Au menu du paysage urbain, on compte également les logements d'étudiants et la salle de spectacle Le Tetris, deux projets réalisés avec des conteneurs, les Docks Vauban réhabilités et les Bains des docks, la piscine aux blocs asymétriques colorés de l'architecte Jean Nouvel.

En 2018, il faudra revenir voir le réaménagement du quai Southampton par le plus connu des paysagistes français, Michel Desvigne, qui prolongera la promenade en bord de Manche… Car Le Havre, rappelons-le, n'est pas qu'une cité portuaire mais une agréable destination balnéaire.

Céline Baussay, *Version Femina*, 2017.

1. Qui a fondé la ville du Havre et pourquoi ?

....

2. Comment la ville du Havre a-t-elle choisi de célébrer ses 500 ans ?

....

3. Associez les évolutions de la ville à ces dates.

a. XVIIIe : ....

c. XXe : ....

b. XIXe : ....

d. 1945 : ....

4. Qui a fait quoi ?

a. Auguste Perret : ....

d. Jean Nouvel : ....

b. Marguerite Huré : ....

e. Michel Desvigne : ....

c. Oscar Niemeyer : ....

5. Dites si ces affirmations sont vraies ou fausses. Cochez la bonne case et corrigez les affirmations fausses.

	VRAI	FAUX
a. La ville a été reconstruite en îlots tous semblables.	☐	☐
b. Le matériau utilisé est un béton brut uniforme.	☐	☐
c. Les claustras sont des carrés de béton colorés.	☐	☐
d. Les 12 000 vitraux de l'église Saint-Joseph ont des formes différentes.	☐	☐
e. Le Volcan abrite la scène nationale et une bibliothèque.	☐	☐
f. Les conteneurs ont servi à réaliser les Docks Vauban.	☐	☐
g. La piscine est construite avec des blocs colorés asymétriques.	☐	☐

PRODUCTION ORALE

Vous dégagerez le problème soulevé par le document ci-dessous. Vous présenterez votre opinion sur le sujet de façon argumentée.

Colocation senior étudiant : nouvelle solidarité intergénérationnelle ?

S'il existe un isolement des personnes âgées, il existe aussi un isolement étudiant. Faire se rencontrer ces deux solitudes, c'est gagnant-gagnant pour tout le monde. Une présence, des services rendus, des moments d'échanges pour les uns, un logement gratuit ou à prix très modéré pour les autres. Un nouveau modèle de solidarité initié par des associations et soutenu entre autre par la ville de Paris qui fait de plus en plus d'adeptes pour le bonheur des uns et des autres.

PRODUCTION ÉCRITE

Êtes-vous ville ou campagne ? Où avez-vous fait le choix d'habiter ? Est-ce un choix de votre part ou non ? Vous convient-il ou aimeriez-vous changer de cadre de vie ? Pour quelles raisons ? Quels sont selon vous les avantages et bien sûr les inconvénients de la vie en ville ou à la campagne ?

Vous rédigez un article argumenté pour la revue associative de votre quartier de 250 mots environ où vous expliquez pourquoi vous avez fait ce choix.

Vocabulaire

1. Apprenez le vocabulaire.

Colère (n. m.)	Rater (v.) ....
Tristesse (n. f.)	Préjudiciable (adj.) ....
Allégresse (n. f.)	Comportemental (adj.) ....
Honte (n. f.)	
Enthousiasme (n. m.)	Tacite (adj.) ....
Débordement (n. m.)	Corseté (adj.) ....
Norme (n. f.)	Intentionnel (adj.) ....
Tension (n. f.)	Embarrassé (adj.) ....
Portefeuille (n. m.)	Accessible (adj.) ....
Réguler (v.)	Coopératif (adj.) ....
Craquer (v.)	Bourru (adj.) ....

2. Vérifiez la compréhension du document *Mettre à distance ses émotions* (Livre de l'élève, p. 132). Retrouvez dans le texte ce qui correspond à...

a. une définition : ....

b. une suggestion : ....

c. un constat : ....

d. un conseil : ....

e. une recommandation : ....

f. un exemple : ....

3. Écoutez la conversation entre Bérangère et Adrien (Livre de l'élève, p. 133). À quelles répliques du dialogue correspondent ces sentiments ?

a. Bérangère est soucieuse : ....

b. Bérangère est inquiète : ....

c. Adrien est rassurant : ....

d. Bérangère est hésitante : ....

e. Adrien est persuasif : ....

f. Bérangère est confiante : ....

4. Classez ces différents sentiments selon qu'ils sont positifs (+) ou négatifs (-).

heureux ; soucieux ; inquiet ; triste ; confiant ; mélancolique ; euphorique ; déprimé ; gai ; joyeux ; enthousiaste

1. (+) : ....

2. (-) : ....

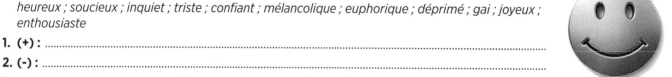

5. Quels sentiments j'exprime quand je dis... ? Aidez-vous de la liste de l'exercice 4.

a. Tu crois que c'est encore faisable ? → ....

b. Cette fois, j'en ai assez, j'abandonne. → ....

c. Je trouve qu'il prend beaucoup de risques inutiles. → ....

d. Je suis sûr qu'on va y arriver. → ....

e. C'est génial ! Je vous avais dit qu'on finirait par trouver ! → ....

f. Vraiment, il ne méritait pas d'échouer... je suis de tout cœur avec lui. → ....

6. Caractériser avec les sentiments : du verbe vers l'adjectif. **Complétez.**

a. mépriser → Son regard est .... et son attitude est ....

b. s'énerver → Il a des postures ....

c. respecter → Son point de vue est éminemment ....

d. regretter → Ses propos sont infiniment ....

e. décevoir → C'est finalement un être ....

7. Caractériser une attitude. **Trouvez le contraire.**

En apparence, il est...	En réalité, il est...	En apparence, il est...	En réalité, il est...
a. dur.	....	**e.** spontané.	....
b. simple.	....	**f.** réservé.	....
c. sympathique.	....	**g.** passionné.	....
d. intègre.	....	**h.** sociable.	....

Grammaire

1. Exprimer des sentiments. **Construisez des phrases en commençant par la phrase en gras.**

a. Tu vas venir. **J'en doute.**

→ ....

b. Tu n'as pas réussi à te libérer. **J'en ai un peu peur.**

→ ....

c. Tu pourras prendre des vacances. **Je l'espère.**

→ ....

d. Je ne te verrai pas. **Je le regrette.**

→ ....

e. Tu pourras venir la prochaine fois. **Je le souhaite.**

→ ....

f. Ton nouveau travail te plaît. **J'en suis heureux.**

→ ....

2. Exprimez la cause d'un sentiment en commençant par l'expression en gras.

a. J'ai été déçue par **l'attitude de Louis.**

→ ....

b. Je suis triste d'**avoir été témoin de son geste.**

→ ....

c. J'ai été ennuyée par **ses longues justifications.**

→ ....

d. J'ai eu pitié **de lui.**

→ ....

e. Je suis irritée par **son manque d'explication.**

→ ....

f. Je suis surpris par **son manque de courage.**

→ ....

3. PARLER DE L'AUTRE POUR EN SAVOIR PLUS. **Répondez en utilisant** *en* **ou** *y*.

a. – Il est sensible au regard de l'autre ?

→ Oui, ...

b. Il se préoccupe de son attitude envers les autres ?

→ Oui, ...

c. Il fait attention à ce que les autres pensent de lui ?

→ Oui, ...

d. Il s'efforce à ne pas apparaître comme un personnage désinvolte ?

→ Oui, ...

e. Il s'oblige à être toujours souriant ?

→ Oui, ...

f. Il se soucie de l'impression qu'il laisse de lui-même ?

→ Oui, ...

Oral

1. Travaillez vos automatismes. Confirmez comme dans l'exemple.

N° 44 **a.** – Je n'ai pas fermé la porte de la maison.

→ **Ferme-la !**

b. – Je ne suis pas allé saluer la voisine !

→ ....

c. – Je n'ai pas arrêté la télévision !

→ ....

d. – Je ne vous ai pas redonné les codes d'accès.

→ ....

e. – Je n'ai pas porté son livre à ta sœur.

→ ....

f. – Je n'ai pas envoyé d'invitations à nos amis.

→ ....

2. Travaillez vos automatismes. Répondez négativement comme dans l'exemple.

N° 45 **a.** – Est-ce que je donne le marché au nouveau commercial ?

→ **Ne le lui donne pas !**

b. – Est-ce que je demande au client ses intentions ?

→ ....

c. – Est-ce que je propose le produit aux clients chinois ?

→ ....

d. – Est-ce que je lui présente la maquette ?

→ ....

e. – Est-ce que je lui parle du dîner chez le directeur ?

→ ....

f. – Est-ce que je vends le concept au concurrent ?

→ ....

Vocabulaire

1. Apprenez le vocabulaire.

Vitalité (n. f.)	Persister (v.)
Hémorragie (n. f.)	Croître (v.)
Gamme (n. f.)	Colmater (v.)
Handicap (n. m.)	Investir (v.)
Incidence (n. f.)	Libéraliser (v.)
Échec (n. m.)	Déboucher (v.)
Caserne (n. f.)	Aggraver (v.)
Diplômé (n. m.)	Dénoncer (v.)
Intimité (n. f.)	Engendrer (v.)
Permission (n. f.)	Primordial (adj.)
Extinction (n. f.)	

2. Vérifiez la compréhension de l'article *Le chômage, une exception française* (Livre de l'élève, p. 134). Lisez puis faites les activités.

a. Dites à quoi correspondent ces chiffres.

1. 10 % : ....

2. 66 millions : ....

3. 30 % : ....

4. 15 millions : ....

5. 400 000 : ....

6. 60 000 : ....

7. 30 milliards : ....

b. En face de chacun de ces constats, retrouvez le handicap qui lui correspond.

CONSTAT	HANDICAP
1. vitalité démographique	....
2. nombre d'emplois marchands stable	....
3. contrats d'avenir marchands qui débouchent sur un emploi stable	....
4. concurrence des partenaires européens	....
5. formation comme carte majeure pour lutter contre le chômage	....

c. COMPARER. Complétez le tableau.

	France	Allemagne	Espagne	Pays du Nord	États-Unis
Démographie					
Création d'emplois					
Industrie					
Marché du travail					
Formation					

3. Vérifiez la compréhension du document audio *Un service militaire pour trouver du travail* (Livre de l'élève, p. 135). Écoutez et dites si ces informations sont vraies ou fausses.

	VRAI	FAUX
a. Le service militaire volontaire veut palier l'échec scolaire.	❑	❑
b. Le lieutenant insiste sur le respect de la vie en communauté.	❑	❑
c. La jeune femme qui est diplômée veut montrer à ses enfants que, dans la vie, il faut avoir un diplôme.	❑	❑
d. Michaël est père de famille en situation d'échec.	❑	❑
e. L'avantage de ce service militaire, c'est qu'il permet une remise à niveau.	❑	❑
f. Les permissions sont autorisées chaque jour entre 18 h et 22 h.	❑	❑
g. L'objectif, c'est de donner des valeurs d'entreprise aux volontaires.	❑	❑
h. Après cette formation, les volontaires intégreront l'armée.	❑	❑

4. Parler emploi et marché. Formez des expressions. Associez.

a. Investir

b. Lutter

c. Libéraliser

d. Organiser

e. Opérer

f. Soumettre

1. la formation professionnelle.

2. à la concurrence.

3. une montée en gamme.

4. dans l'avenir.

5. contre la précarité.

6. le marché de l'emploi.

5. Rendre compte de la situation socio-économique. Trouvez un synonyme aux verbes suivants.

a. croître → l'économie .... de 2 % par an.

b. persister → le chômage .... d'augmenter.

c. déboucher → les formations .... sur des emplois précaires.

d. investir → il faut .... dans la formation tout au long de la vie.

e. aggraver → la situation ....

f. engendrer → le chômage .... un sentiment de déclin général.

6. Comparer des situations. Trouvez le contraire.

a. un secteur public ≠ ....

b. une croissance économique dynamique ≠ ....

c. un chômage croissant ≠ ....

d. un budget déficitaire ≠ ....

e. un marché concurrentiel ≠ ....

f. un état interventionniste ≠ ....

7. Des mots qui expriment un manque. Complétez.

blocage ; refus ; frein ; incapacité ; déni ; handicap

a. Son manque de formation constitue .... pour entrer dans la vie professionnelle.

b. Son dilettantisme reste .... à l'évolution de sa carrière.

c. Il y a chez lui .... de réalité.

d. Dès que l'on veut parler boulot, je sens chez lui ....

e. C'est catégorique. Il y a chez lui .... d'aborder la question de la formation.

f. Il est comme paralysé, dans .... de se projeter dans l'avenir.

Écrit et civilisation

1. Lisez l'article et faites les activités.

Steve Dolfi, le chocolat en famille

Steve Dolfi […] est l'aîné des garçons, et deuxième de la fratrie des quatre enfants de la famille Dolfi, propriétaires de l'Institution parisienne *À la Mère de Famille*, fondée en 1761. Chez ces chocolatiers et confiseurs, on travaille en famille, soit depuis vingt ans pour le jeune quadra chargé de la communication et du développement de l'entreprise. « *Théoriquement mon père s'occupe du contrôle de gestion et de la fabrication avec mon petit frère Jonathan. Sophie, l'aînée, est responsable du personnel et des packagings, mon autre soeur, Jane, gère les grands comptes. Mais en vrai ce n'est pas comme ça, tout le monde s'occupe de tout.* », explique Steve avec un large sourire. Lui a commencé à la fabrique de bonbons. […] Petit-fils d'un fabricant de liqueur, c'est son grandpère qui s'est orienté vers la confiserie en reprenant en Alsace la fabrique de bonbons d'un de ses clients.

À la génération suivante, l'histoire s'est en quelque sorte répétée. « *Quand on a su que À la Mère de Famille était à vendre, on a sauté dessus !* » relate Steve. Son père, Étienne Dolfi, fournisseur de *À la Mère de Famille*, rachète, en 2000, l'enseigne du 35, rue du Faubourg-Montmartre, qui, à l'origine, était une épicerie. Les Dolfi ont ouvert dix autres boutiques parisiennes et ont aussi racheté des maisons historiques en province, avec des savoir-faire, comme notamment Au *Négus*, à Nevers, *Les Palets d'Or*, à Moulins, ou encore *Buissière* à Limoges. « *Elles ont toutes une spécialité que vous retrouverez À la Mère de Famille, ainsi nous avons acquis de vraies expertises, dans le praliné ou le caramel, c'est une chance et c'est chouette !* ».

[…] Et le choix est vaste, avec plus de 1 200 références de friandises À la Mère de Famille, dont 50 variétés de bonbons de chocolats. « *J'ai été élevé dans le sucre et j'ai toujours eu cette gourmandise quotidienne* », assure-t-il. La famille est aussi son autre source d'énergie. « *On travaille ensemble, on passe nos vacances et même des weekends ensemble et il nous arrive aussi de dîner ensemble, on se dit qu'on a un vrai problème.* », plaisante-t-il avant d'ajouter sur un ton presque grave : « *On a été éduqués comme ça, cet esprit de famille est très respectable. Je ne conçois pas ma vie sans mes frères et soeurs, on peut compter les uns sur les autres, il n'y a pas de délire d'ego… mis à part moi* », plaisante-t-il.

Sous ses airs détendus, Steve cache cependant une certaine anxiété. Car chaque année, avant Pâques, c'est toujours la même angoisse. Malgré l'expérience et la notoriété, le scénario est immuable. « *Si nos ventes à Noël s'étendent sur tout un mois, à Pâques, les gens se réveillent systématiquement une semaine avant. Alors, quand on a tout préparé, que les réserves sont pleines à craquer et qu'en boutique, l'activité est normale, on est toujours saisi d'un doute et on a peur que les gens ne viennent pas* », confesse Steve. Mais les Dolfi ont trouvé la parade. Chaque mercredi précédant Pâques, ils organisent une grande chasse aux oeufs dans un jardin de la capitale. « *C'est un sas de décompression génial !* », s'enthousiasme le chocolatier. […] *À la Mère de Famille* fournit entre 500 et 600 lots de chocolat. « *L'opération est ouverte à tous. L'an dernier, Natalie Portman y était, au milieu de gens pas du tout 'bling bling'. Pas un seul enfant ne repart les mains vides. C'est l'occasion de leur faire découvrir autre chose qu'Haribo. On a eu beaucoup de chance de reprendre* À la Mère de Famille, *alors c'est une manière de rendre un peu.* »

Corinne Caillaud, *lefigaro.fr*, 30 mars 2017.

a. Qui est Steve Dolfi ? ....

b. Quel est le lien entre la famille Dolfi et l'enseigne « À la Mère de Famille » ?

....

c. Qui fait quoi dans la famille Dolfi ?

1. Étienne, le père : ....   **3.** Sophie : ....

2. Jonathan : ....   **4.** Jane : ....

d. Comment se traduit, pour les Dolfi, « l'esprit de famille » ?

....

e. À quoi correspondent ces chiffres ?

1. 1 200 : ....   **2.** 50 : ....

f. Quel événement de communication organisent les Dolfi au moment de Pâques ? Dans quel but ?

....

Unité 9 - Leçon 3 - Organiser son temps

Vocabulaire

1. Apprenez le vocabulaire.

Tranche (horaire) (n. f.)	Accélérer (v.)
Extinction (n. f.)	Mettre (les bouchées doubles) (v.)
Impératif (n. m.)	Patienter (v.)
Aléa (n. m.)	Éterniser (s') (v.)
Maturité (n. f.)	Alléger (v.)
Anxiété (n. f.)	Rodé (adj.)
Imprévu (n. m.)	Amorti (adj.)
Robotisation (n. f.)	Chargé (adj.)
Numérisation (n. f.)	Retardé (adj.)
Enfourcher (v.)	Contradictoire (adj.)
Rattraper (v.)	Compétitif (adj.)
Décrocher (v.)	Instable (adj.)
Ressourcer (se) (v.)	Imprévisible (adj.)
Rater (v.)	

2. Vérifiez la compréhension de l'article de *L'Express* (Livre de l'élève, p. 136). Complétez.

• **Yves Calvi**

  a. Métier exercé : ....
  b. Activités : ....
  c. Utilisation du temps de décompression : ....
  d. Modes d'organisation : ....
  e. Sacrifices / renoncement : ....
  f. Modes de décrochage : ....

• **Hélène Darroze**

  a. Métier exercé : ....
  b. Activités : ....
  c. Utilisation du temps de décompression : ....
  d. Modes d'organisation : ....
  e. Sacrifices / renoncement : ....
  f. Modes de décrochage : ....

3. Écoutez les trois scènes audio de l'exercice 7 (Livre de l'élève, p. 137). Cochez les bonnes réponses.

a. Vous m'aviez dit que...

  ❐ **1.** tout serait terminé fin septembre.   ❐ **2.** tout serait terminé le 28.

b. On a eu pas mal d'imprévus à cause...

  ❐ **1.** d'un manque de personnel.   ❐ **2.** des exigences d'un autre client.

c. La date de sortie du livre est prévue...

❏ **1.** le 15 mai.   ❏ **2.** le 15 juin.

d. La romancière est en retard à cause de...

❏ **1.** la sortie d'un autre livre.   ❏ **2.** l'écriture de certains chapitres sur l'Afrique.

e. Renaud...

❏ **1.** va déjeuner avec Léa et Sébastien.   ❏ **2.** ne va pas déjeuner parce qu'il a du travail.

f. Renaud...

❏ **1.** attend une information à communiquer.   ❏ **2.** préfère bavarder avec Évelyne.

4. Regroupez, dans l'article de *L'Express* sur Yves Calvi et Hélène Darroze, tous les mots qui ont un rapport avec le mot « temps ».

temps, ...

....

5. Trouvez les mots ou expressions équivalentes employées par Yves Calvi, Hélène Darroze ou dans la séquence audio.

a. aléa → ....   **d.** recette → ....

b. mettre les bouchées doubles → ....   **e.** rester maître → ....

c. se ressourcer → ....   **f.** planifié → ....

6. Voici des expressions métaphoriques utilisées par Yves Calvi ou Hélène Darroze ou dans la séquence audio. Dites à quel domaine d'emploi elles appartiennent. Faites correspondre.

a. nettoyer le pont   **1.** militaire

b. sortir de son couloir   **2.** religieux

c. extinction des feux   **3.** alimentaire

d. mettre les bouchées doubles   **4.** sportif

e. s'éterniser   **5.** maritime

7. RAPPORT AU TEMPS. Dites à quelles actions appartiennent ces différentes situations.

se ressourcer ; décrocher ; se rattraper ; planifier ; s'éterniser ; partager son temps

a. Partir à la campagne, ne plus entendre parler de boulot. → ....

b. Un jour ici, un jour ailleurs... → ....

c. Retrouver ses racines. → ....

d. Ne pas vouloir interrompre une conversation, un rendez-vous. → ....

e. Faire ce que l'on n'a jamais le temps de faire... → ....

f. Remplir son agenda. → ....

Grammaire

1. PRÉCISER LE DÉROULEMENT DE L'ACTION. Complétez.

Un rendez-vous est programmé à 8 h ; un déjeuner de travail au bureau entre 13 h et 14 h 30 et un rendez-vous à l'extérieur à 18 h 30. Toute la journée des correspondants cherchent à vous joindre... C'est le standard qui répond.

a. *7 h 55 :* Désolé, je ne peux pas vous le passer, la réunion **va** commencer à 8 h.

b. *8 h 10 :* Je regrette, la réunion .... commencer.

c. *13 h 30 :* Ça tombe mal ; il est .... de participer à un déjeuner de travail.

d. *18 h 10 :* Oui, oui, le rendez-vous de 18 h 30... il n'a pas oublié... mais il n'est .... parti.

e. *18 h 25 :* Ne vous inquiétez pas, il est en route, il .... bientôt arriver.

f. *18 h 40 :* Ah non, il .... au bureau ; il est .... parti pour son rendez-vous.

2. DONNER DES PRÉCISIONS DE TEMPS. Complétez avec une expression de temps.

a. Le festival de musique « Chanson en Stock » aura lieu .... deux jours.

b. .... la durée du festival, le directeur artistique ne dort plus.

c. La communication fait des relances .... un mois.

d. .... huit jours que la billetterie commence à s'angoisser.

e. .... hier, c'est la panique du côté de l'équipe technique.

f. Les techniciens du son mettent les bouchées doubles. Ils travaillent .... minuit.

3. NÉGOCIATIONS. Complétez avec les verbes de l'encadré *Réfléchissons* (Livre de l'élève, p. 137).

Alors, comment ça s'est passé ?

a. Les pourparlers .... vers 20 h et .... toute la nuit.

b. Ils .... le lendemain matin, après une pause de deux heures.

c. Ils .... toute la journée.

d. La rédaction du protocole d'accord n'... que tard dans la soirée et ....
vers 3 h du matin.

e. La séance de signature .... en présence du Président.

f. Finalement, la négociation .... mieux ....
qu'elle n' ....

Oral

1. Écoutez la chronique radio. Cochez les bonnes réponses.

N° 46   **a. Le sujet de la chronique est...**

❏ **1.** une compétition cycliste.   ❏ **2.** l'apprentissage en France.

b. La chronique cite les professions suivantes...

❏ **1.** fleuriste.   ❏ **2.** mécanicien.   ❏ **3.** médecin.

❏ **4.** menuisier.   ❏ **5.** masseur.   ❏ **6.** pâtissier.

c. L'opération décrite dans l'article...

❏ **1.** fait la promotion de l'apprentissage.

❏ **2.** est organisée par un syndicat de patrons.

❏ **3.** est un concours pour désigner les meilleurs apprentis.

❏ **4.** permet aux jeunes de pratiquer leur futur métier.

d. Les Français considèrent...

❏ **1.** que l'apprentissage est important pour trouver un emploi.

❏ **2.** que l'apprentissage est pour les mauvais élèves.

❏ **3.** que les bons élèves ne doivent pas suivre des études en alternance.

❏ **4.** que l'entrée dans l'entreprise doit se faire après les études.

❏ **5.** que c'est à l'Éducation nationale d'assurer la formation professionnelle.

❏ **6.** que les métiers manuels peuvent être très valorisants.

métier travail diplôme salaire
APPRENTISSAGE
formation compétences carrières

Vocabulaire

1. Apprenez le vocabulaire.

Forage (n. m.)	....	Recommandation
Géothermie (n. f.)	....	(n. f.) ....
Arrosage (n. m.)	....	Creusement (n. m.) ....
Pic (n. m.)	....	Surmonter (v.) ....
Survie (n. f.)	....	Empocher (v.) ....
Innovation (n. f.)	....	Nuire (v.) ....
Rotation (n. f.)	....	Contester (v.) ....
Friction (n. f.)	....	Légiférer (v.) ....
Subordination (n. f.)	....	Empêcher (v.) ....
Actionnaire (n. m.)	....	Ténu (adj.) ....
Cyclone (n. m.)	....	Persévérant (adj.) ....
Polémique (n. f.)	....	Déstabilisant (adj.) ....
Incitation (n. f.)	....	Abyssal (adj.) ....

2. Vérifiez la compréhension du document vidéo *L'entreprise FOREM* (Livre de l'élève, p. 138). Établissez la carte d'identité de l'entreprise FOREM.

a. Domaine de recherches : ....

b. Types de recherches : ....

c. Nombre d'employés : ....

d. Santé de l'activité : ....

e. Stratégie : ....

f. Difficultés...

    1. financières : ....

    2. ressources humaines : ....

g. Perception de sa mission de responsable : ....

3. Vérifiez la compréhension de l'article du *HuffPost* (Livre de l'élève, p. 139). Faites les activités.

a. Quelle annonce spectaculaire a fait Mark Bertolini ?

....

b. À quel livre fait-il référence et pourquoi ?

....

c. La mesure annoncée...

	VRAI	FAUX
1. concerne 5 700 salariés.	☐	☐
2. concerne les moins bien payés.	☐	☐
3. équivaut à une augmentation de 12 dollars.	☐	☐
4. équivaut à 33 % pour les moins bien payés.	☐	☐

d. Quel est en fait l'objectif de Mark Bertolini ?

....

e. Quel sera le coût de cette mesure pour l'entreprise ?

....

f. À quel grand exemple historique fait-il référence ?

....

4. Éliminez l'intrus.

a. stagnation – essor – relance – redressement

b. récession – reprise – crise – baisse

c. rémunérer – payer – salarier – répartir

d. collaboration – coopération – individualisation – participation

e. rupture – pacte – contrat – convention

f. action – bourse – valeur – prix

5. Retrouvez dans les différents articles et reportages les expressions dont voici le sens.

a. une activité irrégulière → ....

b. un nombre important de départs et d'arrivées → ....

c. une réussite fragile → ....

d. déclencher des réactions incontrôlées → ....

e. réussir malgré tout → ....

6. À quelles situations de l'entreprise correspondent ces témoignages ?

préserver ; faire attention ; surmonter ; s'inquiéter ; s'adapter ; rêver

a. Créer notre boîte... Toi, le communicant et moi, le créatif... c'est un cocktail 100 % réussite. → ....

b. Question résultat, on est loin d'être dans les clous. Je pense qu'on ne fera pas le budget. → ....

c. Le marché change vite, pas question de le rattraper ; il faut changer plus vite que lui. → ....

d. Bon, on est dans une mauvaise passe. Mais tous les signaux sont en train de passer au vert pour que ça aille mieux. Et on est prêt ! → ....

e. La recherche, le développement, c'est la priorité. On ne sacrifie pas le cœur du réacteur. → ....

f. Les marges se resserrent et la concurrence s'aiguise, il nous faut être vigilants. → ....

7. Entreprendre. du verbe au substantif. Complétez.

a. s'adapter → .... à la concurrence mondialisée.

b. s'inquiéter → .... des investisseurs.

c. creuser → .... des écarts de salaires.

d. préserver → .... des marges d'investissement.

e. établir → .... d'une solide fidélisation.

f. sacrifier → .... des produits les moins performants.

8. Tout est possible. Donnez les adjectifs avec des suffixes en « -ible » ou en « -able ».

a. Un produit que l'on peut réaliser. → ....

b. Un marché que l'on peut accepter. → ....

c. Une nouveauté high tech que l'on peut comparer. → ....

d. Une stratégie que l'on peut perfectionner. → ....

e. Un interlocuteur que l'on peut croire. → ....

f. Une proposition qui peut convenir. → ....

Écrit et civilisation

1. Lisez ce portrait de Bastien Rabastens et Clément Scellier. Faites les activités.

Nous allons créer un nouveau marché

Ils racontent volontiers comment, en prenant une bière devant une émission de téléréalité, leur est venue cette idée peu évidente, celle de faire entrer les insectes dans notre alimentation. Bastien Rabastens (juriste) et Clément Scellier (marketing) étaient déjà sensibilisés aux rapports de la FAO sur la nécessité de trouver des sources alternatives de protéines pour nourrir les bientôt 9 milliards d'hommes sur terre. Le défi les mobilise et, trois ans après la création de *Gimini's*, la start-up compte 11 salariés et est rentable.

Les boîtes de criquets parfumés aux tomates et piments font le buzz et entrent dans la *Grande Épicerie du Bon Marché*. Et la marque *Gimini's* devient la référence pour ces nouveaux aliments. Mais le vrai relais de la croissance de la société, ce sont les barres faites de farine de grillons, fruits secs et amandes. Le lancement a débuté en mai dernier en Angleterre. En France, les distributeurs sont à l'affût. [...]

Comment avez-vous procédé ?

Clément Scellier : Nous avons lancé une étude de marché [...] cela a permis de mieux cerner le phénomène d'attirance-répulsion. Et de confirmer qu'il y avait un potentiel économique. [...]

Bastien Rabastens : Comme nous n'étions pas formés pour être entrepreneurs, nous avons été accueillis pendant huit mois par *Incuba'School* (CCIP Paris). Après une campagne de *crowdfunding*, nous avons obtenu des subventions, ouvert des locaux en Normandie et acheté des machines d'occasion pour fabriquer nos premiers produits, qui ont été distribués en novembre 2013, à la Grande Épicerie de Paris et sur le site.

Clément Scellier : En fait, très rapidement, nous avons réalisé qu'il fallait créer une structure juridique qui permettait de travailler avec un fournisseur d'insectes aux Pays-Bas, avec des contraintes de TVA intercommunautaire, par exemple. En même temps, il fallait créer le produit, l'industrialiser, trouver les clients, les « évangéliser ». Heureusement, nous sommes deux !

Comment voyez-vous l'avenir de l'entreprise ?

Bastien Rabastens : Notre but, c'est de développer une société rentable, de devenir leader sur ce marché [...]. Aujourd'hui, plus d'un million de personnes en Europe ont testé nos produits, nos barres sont distribuées par *Fortnum&Mason*, *Selfridges*, *Tree of Live*. C'est bien parti !

Patricia Salentey, *L'Expansion*, 30/06/2016.

a. Qui sont Bastien Rabastens et Clément Scellier ? Comment s'appelle leur entreprise ?

....

b. Faites la genèse de leur projet.

1. Origine de l'idée : .... **3.** Réalité industrielle : ....

2. Sources d'inspiration : ....

c. Faites la liste des produits commercialisés par l'entreprise.

....

d. Dites si ces affirmations sont vraies ou fausses et corrigez celles qui sont fausses.

	VRAI	FAUX
1. Leur formation d'entrepreneur leur a facilité les choses.	❑	❑
2. Le financement a été assuré par du *crowdfunding* et des subventions.	❑	❑
3. Leur but est de devenir une société rentable et leader sur ce marché.	❑	❑

e. Faites la liste des grandes enseignes qui commercialisent leurs produits.

....

Vocabulaire

1. Apprenez le vocabulaire.

Embauche (n. f.) ....
Distinction (n. f.) ....
Affiliation (n. f.) ....
Polyvalence (n. f.) ....
Cumuler (v.) ....

Agressif (adj.) ....
Insistant (adj.) ....
Bénévole (adj.) ....
Spontané (adj.) ....

2. SAVOIR COMMUNIQUER. **Quels savoir-faire mettent-ils en œuvre quand ils disent... ?**

résumer ; questionner ; sous-entendre ; féliciter ; reprocher ; aborder un sujet

a. Vous avez très bien travaillé. Félicitations ! → ....

b. Je voudrais maintenant que nous parlions de notre organisation. → ....

c. En deux mots, voilà où on en est de la négociation. → ....

d. Pourquoi est-ce que vous ne m'en avez pas parlé plus tôt ? → ....

e. Vous me comprenez... je ne peux pas en dire plus... vous voyez de qui je veux parler. → ....

f. Est-ce que vous pouvez nous parler du projet ? → ....

3. COMPÉTENCES ORGANISATIONNELLES OU MANAGÉRIALES. **Formez des expressions pour valoriser des savoir-faire.**

son partenaire ; de nouveaux collaborateurs ; son autorité ; un contrat ; un collaborateur ; son équipe

a. Négocier ....

b. Embaucher ....

c. Impliquer ....

d. Responsabiliser ....

e. Accueillir ....

f. Exercer ....

4. TROUVER LES MOTS POUR PARLER DE SOI. **Complétez avec les verbes.**

exercer ; enchanter ; développer ; s'occuper ; penser ; préférer ; aimer ; rechercher

Pourquoi j'ai choisi le métier d'orthophoniste ?

J'........................ être en contact avec les gens et je .... que ce métier me permet de .... la communication que je .... avec tout le monde.
J'........................ ce métier en l'hôpital car je .... travailler en équipe. Même si l'idée de travailler auprès des enfants m'........................, je .... aussi d'adultes.

5. ORGANISER UNE LETTRE DE MOTIVATION. **Lisez la lettre de motivation (Livre de l'élève, page 141) et retrouvez les éléments de la lettre qui correspondent aux rubriques du CV européen (*Point infos,* p. 140).**

a. Poste visé : ....

b. Éducation et formation : ....

c. Expérience professionnelle : ....

d. Compétences organisationnelles : ....

e. Compétences en communication : ....

f. Autres compétences : ....

g. Publication : ....

Écrit et civilisation

1. S'INFORMER SUR LA FORMATION TOUT AU LONG DE LA VIE. **Lisez le texte et faites les activités.**

Entreprendre un congé pour changer de vie

Une secrétaire de direction est devenue comédienne, un logisticien s'est reconverti en boulanger grâce à ce dispositif qui permet de prendre un congé payé pour se former, afin de changer de métier.

Et vous, vous voulez essayer ?...

Le CIF (Congé individuel de formation) a été conçu pour que chaque salarié puisse trouver les moyens de se former indépendamment de son employeur, s'il le souhaite.

Il est destiné aux salariés justifiant d'une ancienneté au travail d'au moins 24 mois et sous condition, à des salariés en CDD. Le congé peut être court ou long, d'un bloc ou de quelques heures par semaine, pris sur son temps de travail, rémunéré.

Pour être acceptée, une demande de CIF doit répondre à certains critères : adaptation à un nouvel emploi ; accession à un niveau supérieur de qualification ; préparation à une mobilité ou à une reconversion ; acquisition de nouvelles compétences ; préparation à un examen…

Pour accéder à ce dispositif, il est recommandé de faire auparavant un bilan sur son parcours professionnel et ses compétences.

Pour plus d'informations : *moncepmonfongecif.fr*

a. Présentez le document.

1. De quel type de document s'agit-il ? ....

2. À qui s'adresse-t-il ? ....

b. À quoi sert un congé individuel de formation ?

....

c. Quelles sont les conditions d'accès au dispositif ?

....

d. Quelles sont les conditions d'acceptation ?

....

COMPRÉHENSION DE L'ORAL

N° 47 **Écoutez le micro-trottoir et répondez aux questions en cochant (x) les bonnes réponses.**

1. La France c'est...
a. ❑ grand comme un mouchoir de poche.
b. ❑ des paysages façonnés par les paysans comme une orfèvrerie.
c. ❑ un pays que les Français ne cessent d'admirer.

2. La langue française est....
a. ❑ d'une richesse incroyable.
b. ❑ un objet auquel les Français sont très attentifs.
c. ❑ un objet sur lequel veillent les artistes, écrivains et chanteurs.

3. Un art de vivre que l'on reconnaît....
a. ❑ dans la manière de s'habiller, de s'attarder sur une terrasse des Parisiennes.
b. ❑ dans son icône, Catherine Deneuve.
c. ❑ aussi chez les hommes.

4. La place de la nourriture
a. ❑ On y mange les meilleures baguettes du monde.
b. ❑ Les fromageries y sont merveilleuses.
c. ❑ On y boit l'eau minérale comme un grand vin.

COMPRÉHENSION DES ÉCRITS

Lisez l'article et répondez aux questions.

Le télétravail, deux salariés sur trois en rêvent

Elle est drôle mais pas seulement. La vidéo de ce professeur américain, Robert Kelly, perturbé par sa progéniture en pleine interview à la BBC, doit aussi son succès planétaire au phénomène d'identification qu'elle déclenche. Le bureau à la maison, ses bonheurs et vicissitudes… En même temps qu'un bébé sur roulettes et sa grande sœur surexcitée, c'est le quotidien des indépendants et des salariés en télétravail qui déboulait sur les réseaux sociaux.

Sans pouvoir les compter, on sait de ces derniers qu'ils sont toujours plus nombreux en France. Sans parler des bataillons de ceux qui échappent à toute démarche formelle. Mais depuis deux ou trois ans, le mouvement s'accélère, c'est une certitude. Le télétravail se diffuse bien au-delà des grandes entreprises du secteur tertiaire qui en furent pionnières, jusqu'aux PME, jusqu'à la fonction publique, dans toutes les régions.

Travailler régulièrement hors des locaux de leur employeur : deux travailleurs sur trois en rêvent (Enquête Randstad, 2016). Ils ont les outils numériques pour emporter l'entreprise avec eux, s'en servent dans le train, dans les salles d'attente, alors pourquoi pas chez eux, la journée durant ? Les bienheureux qui ont signé un avenant de ce type à leur contrat de travail ne le regrettent pas – le taux de satisfaction à un an dépasse les 90 %. […]

Faire « pause » dans le film accéléré et épuisant de la vie quotidienne. Gagner une petite marge de manœuvre dans son organisation, le plaisir d'amener les enfants à l'école, le soulagement d'aller les chercher sans stress, la commodité d'être là pour la livraison attendue, de lancer une petite machine, le midi, ou de s'accorder 20 minutes de sieste, de ne plus supplier le dentiste pour le rendez-vous le plus tardif, d'avoir encore l'énergie de faire du sport le soir… Voilà le salutaire desserrement des contraintes que décrivent les télétravailleurs. Avec en filigrane l'*open space* honni, les sollicitations permanentes, le voisin en conférence qui parle fort, la collègue intarissable sur son nouveau-né. Le télétravail à la maison, c'est aussi un moyen de s'offrir ce luxe des temps hyperconnectés : la concentration.

Au retour de l'école où elle conduit ses deux filles, basket aux pieds et « *moins de blush aux joues* », Marie Jaguin, designer graphiste multimédia, chez Orange, gagne le coin bureau qu'elle a installé au salon, sa « *bulle* », sa « *psycho niche* ». « *Je suis dans ma créa, sans pollution. Mon manager me fait confiance. Je dessine plus rapidement. C'est du donnant-donnant.* » « *Win win* » résume le chef du service documentation technique de Renault, Dounya Rossayssi, dont 20 des 50 membres de l'équipe télétravaillent. « *Du bien-être, de la souplesse pour les collaborateurs, et nous on sait manager par objectif, avec des outils comme Skype, la messagerie instantanée ou les partages d'écrans. On se parle sans arrêt. Je ne sais plus quel jour les gens travaillent chez eux. »* Bref présence physique pas indispensable. […]

« *Cette culture du télétravail qui n'est pas seulement la récompense d'une élite, c'est l'un des principaux arguments de nos recruteurs* » admet-on chez SGS, géant du contrôle et de la certification. La moitié des 2800 employés français télétravaillent, ce qui « *réduit considérablement la déprime du lundi matin* ». Les jeunes sont particulièrement sensibles au discours, selon Xavier de Mazenod, créateur de Zevillage, site d'information sur les nouvelles formes de travail. « *Le 9h-18h les fait rigoler. Ils préfèrent être indépendants que salariés avec métro-boulot-dodo à heures fixes. D'ailleurs toutes les start-up s'organisent comme ça.* »

Pascale Krémer, *Le Monde*, 3 avril 2017.

1. Comment Robert Kelly a-t-il popularisé malgré lui le télétravail ?

....

2. Où constate-t-on une diffusion du télétravail ?

....

3. Trouvez dans l'article les exemples qui illustrent dans ces différents domaines, le desserrement des contraintes liés au télétravail.

a. Contraintes familiales : ....

b. Contraintes de vie quotidienne : ....

c. Contraintes de bureau : ....

d. Bien-être personnel et professionnel : ....

4. À quoi correspond le chiffre de 90 % ?

....

5. Autour de quoi s'organise le « gagnant-gagnant » ?

a. Pour le télétravailleur : ....

b. Pour l'entreprise : ....

6. Qu'est-ce qui séduit plus particulièrement les jeunes dans le télétravail ?

....

PRODUCTION ORALE

Présentez votre opinion sur le sujet de façon argumentée.

Vous exercez déjà un métier que vous avez choisi ou bien vous savez quel métier vous allez pratiquer. Quels métiers n'aimeriez-vous pas exercer ? Pour quelles raisons ?

PRODUCTION ÉCRITE

Le télétravail ou travail à distance partiel ou total connaît un développement spectaculaire. Si la possibilité vous en était offerte, aimeriez-vous choisir cette forme de travail ? Dites quels sont pour vous les avantages et les inconvénients de ce nouveau mode de travail par rapport au travail habituel effectué au sein d'une entreprise.

Exposez votre point de vue dans un essai argumenté de 250 mots environ.

COMPRÉHENSION DE L'ORAL

1. Écoutez la piste 4 du livre de l'élève. Après un échec professionnel, Stéphanie Rivoal a donné une nouvelle direction à sa vie. Cochez la bonne case.

1. Stéphanie Rivoal...
❒ **a.** travaillait dans la finance.
❒ **b.** enseignait dans des écoles prestigieuses.
❒ **c.** s'occupait de sa famille.

2. Pour plaire à sa famille...
❒ **a.** elle a obtenu de hauts diplômes.
❒ **b.** elle a étudié hors de France.
❒ **c.** elle a fréquenté des écoles prestigieuses.

3. Stéphanie Rivoal a quitté son travail...
❒ **a.** parce qu'il ne lui plaisait plus.
❒ **b.** parce qu'elle a été licenciée.
❒ **c.** pour s'occuper de ses enfants.

4. Lors de son licenciement...
❒ **a.** tout s'est bien passé.
❒ **b.** elle s'est sentie blessée.
❒ **c.** elle n'a pas eu le temps d'y penser.

5. Être licenciée...
❒ **a.** c'est stigmatisant.
❒ **b.** c'est une remise en questions.
❒ **c.** c'est une chance.

6. Elle a arrêté...
❒ **a.** pour s'occuper de sa mère.
❒ **b.** parce qu'elle a divorcé.
❒ **c.** parce que le secteur dont elle s'occupait n'était plus très porteur.

7. Elle a choisi...
❒ **a.** de s'occuper de ses enfants.
❒ **b.** de penser à elle.
❒ **c.** de travailler dans l'humanitaire.

2. Écoutez la piste 36 du cahier d'activités. Répondez aux questions.

1. À quoi servent les « boîtes utiles » ?
....

2. Quand a été ouverte la première « boîte utile » à Nantes ?
....

3. Quelle est le nom de l'association qui a pris l'initiative de créer cette boîte ?
....

4. Qui a construit la boîte et comment ? À quoi ressemble-t-elle ?
....

5. Dites si ces affirmations sont vraies ou fausses.

	VRAI	FAUX
a. Chacun peut laisser et prendre des objets.	❒	❒
b. C'est une aide pour beaucoup de familles.	❒	❒
c. Elisabeth a apporté des vêtements pour habiller neuf petites filles.	❒	❒
d. C'est un moyen de participer à une expérience solidaire.	❒	❒

6. Combien de « boîtes utiles » ont été ouvertes à Nantes ?
....

7. À quelles villes l'expérience s'ést-elle étendue ?
....

COMPRÉHENSION DES ÉCRITS

1. Texte informatif. **Lisez le texte et répondez aux questions.**

Le boom des supermarchés collaboratifs

Superquinquin à Lille, Supercoop à Bordeaux, Scopéli à Nantes… La Louve a fait des petits. À Paris, ce tout premier marché coopératif et participatif de France est devenu le fer de lance d'un mouvement alternatif qui multiplie les initiatives locales – dix-huit selon le site officiel supermarchescooperatifs. com. Comme à La Louve, on ne parle pas de clients ni d'investisseurs mais de coopérateurs. Ici, pour acheter des produits, il faut, moyennant une souscription unique, donner une fois par mois, trois heures de son temps pour décharger le camion, remplir les rayons, peser les légumes ou tenir la caisse. Un samedi par mois, Sophie, 44 ans, maquettiste, vient effectuer son service. « La livraison, c'est plutôt physique et, à la mise en place en rayons, j'ai eu du mal à m'y retrouver parmi toutes les variétés de salades !, sourit-elle. Mais l'ambiance est bon enfant et surtout ça me change de mon job. » En contrepartie, Sophie, comme les quelque 4 500 autres membres parisiens, bénéficie de tarifs préférentiels – de moins 20 % à moins 40 % – sur son chariot. Mais ce n'est pas sa seule motivation.

« Nous n'étions pas satisfaits de l'offre alimentaire qui nous était proposée, alors nous avons décidé de créer notre propre supermarché », voici la première raison invoquée par les Fondateurs de La Louve sur leur site officiel. Sentiment partagé par Léa, 25 ans, et les 2 000 membres bénévoles du projet de supermarché collaboratif Scopéli à Nantes, dont l'ouverture est prévue fin 2017 grâce à un financement participatif de 27 000 €. « Dans notre épicerie, certains produits artisanaux seront même livrés à vélo, comme la bière bio de la brasserie Philmore, située à 500 mètres de notre futur emplacement ! » explique cette jeune diplômée en communication qui a découvert le concept à travers un documentaire. Celui du cofondateur de La Louve, Tom Boothe, sur la success story de Park Slope Food Coop, le supermarché coopératif pionnier qui fonctionne depuis 1973 à New York. […]

« Ce mélange crée une émulation à part, raconte Sophie, de la Louve. C'est aussi tout le monde qui se révèle avec le tri des patates, l'étiquetage des cartons ou la dure réalité des codes-barres. Comme je n'arrivais pas à les passer la dernière fois, c'est un coopérateur venu faire ses courses qui m'a aidée. Unique, non ? » **Pour tous, l'expérience se teinte d'un enthousiasme communicatif, celui de mettre en œuvre une utopie réaliste, proche des préoccupations des gens.** « Les scandales alimentaires et les excès de consommation ont réveillé le consommateur critique », commente le sociologue Geoffrey Pleyers, spécialiste des mouvements sociaux. Car, cerise sur le gâteau, dans un supermarché coopératif, la sélection est rigoureuse et la transparence complète sur l'origine des produits souvent bio, parfois locaux, toujours éthiques.

« Acheter une tomate en hiver, c'est impensable ! » cite en exemple Chrystel. Cette graphiste fait partie de la poignée de bénévoles à l'origine de la Chouette Coop, créée à Toulouse en 2014. Trois ans et 600 coopérateurs plus tard, la motivation est toujours là pour développer ce laboratoire du « consommer mieux ». Et moins cher : 3 € pour un bon petit vin, 18 € le kilo pour un authentique parmesan italien… Une nouvelle concurrence pour la grande distribution qui, « à force de toujours baisser les prix, finit par étrangler les fournisseurs », souligne Léa, de Scopéli à Nantes. La plupart des supermarchés collaboratifs, eux, prélèvent seulement 20 % sur les ventes. Cette marge sert au remboursement des dettes, au paiement de quelques salaires et au réinvestissement dans le projet. « Côté fournisseur, cela permet d'écouler le stock sans le brader, témoigne Clotilde, maraîchère à Annezin (Pas de Calais). Cela change des gros groupes qui nous écrasent. » Depuis avril, les légumes de Clotilde trônent dans les rayons du supermarché coopératif lillois Superquinquin. […]

Un endroit pour bobos qui joueraient à la marchande ? « Sûrement pas ! C'est un vrai lieu de mixité sociale qui draine tous les habitants du quartier, que ce soit pour faire ses courses ou tisser des liens lors d'événements organisés », objecte Geneviève. Qu'ils soient salariés, chômeurs, retraités, étudiants, diplômés ou non, tous les coopérateurs participent au bon fonctionnement. Finies les frontières entre dirigeants et employés, tout le monde est sur un pied d'égalité. […]

Version Femina, 21/06/2017, Thiphaine Honnet

1. Qu'est-ce qu'ont en commun Superquinquin, La Louve, Scopélie ou Supercoop ?

....

2. Peut-on parler d'un mouvement à propos de ces supermarchés ?

....

3. Quels sont les principes de fonctionnement de ces supermarchés d'un autre type ?

....

4. Qu'est-ce que signifie « mettre en œuvre une utopie réaliste » ?

....

5. Concernant le modèle de distribution, dites si ces affirmations sont vraies ou fausses.

	VRAI	FAUX
a. On livre certains produits artisanaux directement depuis le lieu de production.	❒	❒
b. Pas question de proposer des tomates en hiver.	❒	❒
c. Il s'agit de consommer mieux mais pas forcément moins cher.	❒	❒
d. Pour les producteurs, ils peuvent écouler leurs stocks sans les brader.	❒	❒
e. Les rapports entre producteurs et coopérateurs sont très différents de ceux qu'ils connaissent avec les grands groupes.	❒	❒

6. En quoi ce nouveau type de supermarché illustre-t-il un autre type de rapport social ?

....

2. Texte argumentatif. Lisez le texte et faites les activités.

La liberté d'expression au défi des « fake news »

La langue anglaise désigne la calomnie par le mot « libel », terme issu du français « libelle », qui renvoyait sous l'Ancien Régime à de petits livres pamphlétaires, souvent écrits sous des pseudonymes pour moquer ou diffamer. […]

La diffusion volontaire de fausses informations par voie de presse n'est en rien un phénomène nouveau, et Voltaire soulignait déjà dans ses *Œuvres Poétiques* que « *les honnêtes gens qui pensent sont critiques, les malins sont satiriques, les pervers font des libelles.* » Notre époque se singularise toutefois par l'abondance de ces fausses informations, leur rapidité de circulation et l'audience qu'elles touchent – chaque mois deux milliards de personnes utilisent Facebook. Peu importe sa véracité, la nouvelle est mesurée à l'aune de sa viralité, mot issu du latin « virus » (suc, humeur, venin, poison) et que s'est paradoxalement approprié la société marchande en dépit de son caractère péjoratif (marketing viral).

La fausse nouvelle au XXIᵉ siècle a la particularité d'être guidée par une double motivation économique et politique. Il s'agit tout autant de trouver une résonance électorale que d'obtenir une rétribution financière, la première alimentant la seconde, grâce aux revenus publicitaires. […] La désinformation est ainsi devenue un moyen de subsistance accessible à tout un chacun.

Ce phénomène ne manque pas d'interroger sur les outils offerts par notre droit pour empêcher la diffusion de certaines publications. Une partie des informations fausses publiées sur les réseaux peuvent classiquement être poursuivies sur le fondement de la loi du 29 juillet 1881 sur la liberté de la presse. Certaines relèvent de l'injure (terme de mépris ou invective) d'autres de la diffamation (imputation d'un fait attentatoire à l'honneur et à la considération d'une personne). […] Le droit français n'interdit ainsi la publication de fausses nouvelles que dans une série de situations spécifiques. Il s'agit notamment de la diffusion de fausses informations dans le but de faire croire à un attentat, de compromettre la sécurité d'un avion en vol ou encore d'influer sur le cours en Bourse d'une société. Dans la même logique, on comprend aisément que la diffusion de fausses nouvelles est interdite dans le contexte d'une élection. Dès lors que les prétendues nouvelles auront surpris ou détourné des suffrages, leur auteur s'expose à une peine d'emprisonnement. […]

Enfin, et au plus proche du phénomène des *fake news*, la loi sanctionne la publication et la diffusion de fausses nouvelles susceptibles de « *troubler la paix publique* ». […]

Poursuivre les auteurs de fausses nouvelles est donc possible. Les lois existent, et il ne semble pas nécessaire d'en inventer de nouvelles. Le risque de créer des dispositions liberticides semble en effet infiniment plus grand que l'opportunité d'améliorer les lois actuelles. Reste que les condamnations sont quasi inexistantes et qu'un légitime sentiment d'impunité prédomine. La justice peine à identifier les commanditaires de ces articles souvent signés sous des pseudonymes, et publiés depuis l'étranger. Les tribunaux sont également mal armés pour faire face à cet extraordinaire volume de contenus mensongers. La régulation ne pourra donc venir uniquement de la justice, d'autant plus que le temps judiciaire n'est pas celui de l'actualité. […]

Les solutions sont par conséquent à chercher du côté de ceux qui donnent un écho à ces fausses nouvelles, à savoir les éditeurs de réseaux sociaux eux-mêmes. Ces sociétés s'emploient déjà à retirer de leurs pages les contenus violents, pornographiques ou faisant l'apologie du terrorisme. Ce contrôle est par nature arbitraire et il est impensable qu'il soit étendu à la véracité des informations diffusées. Les éditeurs de réseaux sociaux se défendent d'ailleurs d'exercer un pouvoir de censure sur leurs pages.

Hiérarchiser le contenu, c'est toujours déjà choisir ce qui sera donné à lire aux utilisateurs. [...] À ce jour, ils favorisent surtout les contenus les plus commentés ou partagés par les utilisateurs, à savoir les contenus les plus polémiques et donc les *fake news* qui sont précisément créées dans ce but. [...] La régulation des fausses nouvelles passera donc en premier lieu par la refonte des algorithmes qui devront probablement adjoindre à leur mécanique quantitative, une appréciation qualitative fournie par des tiers. On ne doute d'ailleurs pas de la créativité de la société civile pour inventer une régulation objective, confiée à des citoyens et à des journalistes indépendants, sur le modèle de ce qui a déjà fait le succès de Wikipédia.

Benoît Huet (avocat au barreau de Paris, enseignant à l'ESSEC),
Le Monde, 26 août 2017.

1. **Quel est le lien entre les mots « libel » et « libelle » ?**
....

2. **Quel est le lien entre véracité et viralité ?**
....

3. **Quelle est la particularité de la fausse nouvelle au XXIe siècle ?**
....

4. **Est-ce que la justice dispose d'un ensemble de lois suffisant pour poursuivre les auteurs de fausses nouvelles ?**
....

5. **Quelle est la limite de la loi ?**
....

6. **En quoi les réseaux sociaux peuvent-ils aider à retirer les *fake news* et quel est le paradoxe ?**
....

7. **Que peut-on attendre de la société civile ?**
....

PRODUCTION ORALE

Vous dégagerez le problème soulevé par le document ci-dessous. Vous présenterez votre opinion sur le sujet de manière argumentée et vous le défendrez si nécessaire.

Médecine de laboratoire ou médecine douce ?
Alors que dans de nombreux pays, notamment la plupart des pays de l'Union européenne, l'homéopathie et ceux qui la pratiquent sont parfaitement admis, il y a une très forte résistance en France de la médecine officielle qui ne lui reconnaît aucun effet. Et pourtant, l'homéopathie a l'avantage de ne pas coûter cher, n'a pas d'effets secondaires et surtout associe le patient à son traitement. Il n'y est pas seulement ce consommateur des traitements que lui fabriquent les laboratoires pharmaceutiques...

PRODUCTION ÉCRITE

Êtes-vous membre d'un ou de plusieurs réseaux sociaux ? Ou êtes-vous hostile à ce mode de contact entre individu ? Quoiqu'il en soit, quels sont selon vous leurs avantages et leurs inconvénients ?

Exposez votre opinion dans un essai argumenté de 250 mots environ.